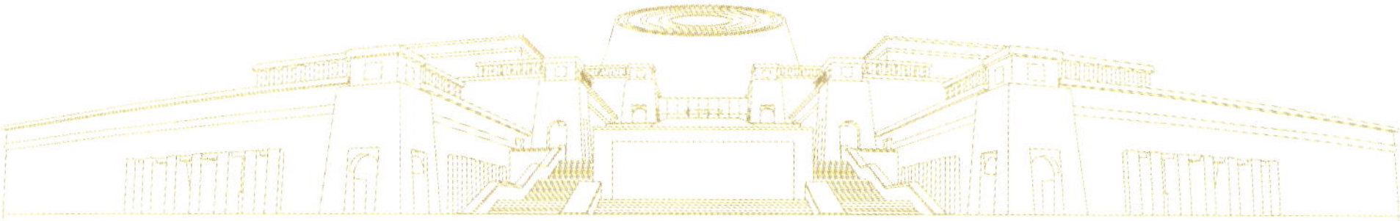

在博物馆里富养孩子

张君升　蒙　刚　著

周礼天下

陕西新华出版传媒集团
陕西科学技术出版社
Shaanxi Science and Technology Press

图书在版编目（CIP）数据

在博物馆里富养孩子. 周礼天下 / 张君升, 蒙刚著. — 西安：陕西科学技术出版社, 2023.1

ISBN 978-7-5369-8476-9

Ⅰ. ①在… Ⅱ. ①张… ②蒙… Ⅲ. ①历史文物 – 中国 – 周代 – 少儿读物 Ⅳ. ①K87-49

中国版本图书馆CIP数据核字(2022)第104093号

在博物馆里富养孩子 周礼天下

ZAI BOWUGUAN LI FUYANG HAIZI ZHOULI TIANXIA

张君升 蒙 刚 著

责任编辑 张 戬 焦 洁
绘　　画 李乾鑫 姚 勇 袁仁贵
摄　　影 高 朝 高鹏程 王竹宝
封面设计 萌豆文化
审　　稿 辛建军 张宁博 高 娟 纪文波

出 版 者 陕西新华出版传媒集团 陕西科学技术出版社
西安市曲江新区登高路1388号陕西新华出版传媒产业大厦B座
电话（029）81205187 传真（029）81205155 邮编 710061
http://www.snstp.com
发 行 者 陕西新华出版传媒集团 陕西科学技术出版社
电话（029）81205180 81206809
印　　刷 西安五星印刷有限公司
规　　格 720mm × 1000mm 16开本
印　　张 15.75
字　　数 296千字
版　　次 2023年1月第 1 版
2023年1月第 1 次印刷
书　　号 ISBN 978-7-5369-8476-9
定　　价 118.00元

作者简介

张君升

副教授

中国职业技术教育学会

智慧旅游职业教育专委会副秘书长

国家文化与旅游部中高级导游考试命题专家，全国高等院校导游服务技能大赛赛项裁判，渭南技师学院党委副书记、院长，国际金钥匙学院荣誉董事、西安分院院长，陕西省导游大赛评委，陕西省导游资格考试评委、口试考官，陕西旅游饭店协会副会长，陕西省教育学会书法教育专委会副会长，陕西省“职教名师”，陕西省“教书育人楷模”，曾荣获国家级教学成果二等奖。主编《西安实用导游》《陕西导游词》《趣闻陕西》《乐游曲江》《导游知识专题》等30余部文旅方面的著作。

蒙　刚

陕西青年网主编

中共党员，大学历史教育学专业毕业，曾担任历史学科教师，讲课深入浅出，深受学生好评，荣获多次奖励。曾任北京东方园林文旅项目总监，负责文化项目研判。个人事迹先后被《中国旅游报》《中国网》等多家媒体专题报道。2020年，签约入驻高建群艺术社区。

中华优秀传统文化是中华文明的智慧结晶和精华所在，是中华民族的根和魂，是我们在世界文化激荡中站稳脚跟的根基。

——2022年5月27日，习近平在中共中央政治局第三十九次集体学习时的讲话

序

南长森教授送来张君升和蒙刚先生编写的《在博物馆里富养孩子》，让我为这套书作个序。我看完书稿，觉得此书融知识性和趣味性于一体，图文并茂，通俗易懂，是适合青少年阅读的好书。

青少年时代是“三观”形成的重要阶段。让青少年学习优秀的历史文化，有助于他们形成正确的人生观、价值观和世界观。中国是世界四大文明古国之一，在5000多年漫长的历史岁月中，留下了许多文物古迹。其中不少文物被珍藏在博物馆中，是中国优秀传统文化的历史见证。目前我国备案的博物馆已近6000家。这些博物馆大体可以分为自然博物馆和人文博物馆两大类别，都具有公益的性质和展示的功能，都可以实现教育推广的目标。

博物馆是弘扬人文精神的重要阵地，特别是历史类型的博物馆，在传播历史文化和体现人文精神方面更是具有得天独厚的条件。比如秦始皇陵兵马俑博物馆收藏着秦代庞大的“地下军团”，是了解秦代军事和秦代社会生活的重要场所，被誉为“世界第八大奇迹”。这些兵马俑不仅是珍贵的艺术品，而且是珍贵的历史资料，包含着极为丰富的人文因素。又如，陕西历史博物馆收藏有170多万件重要文物。这些文物涉及社会生活的许多方面，是我们的祖先在漫长的历史岁月中创造出来的文化财富。从表面上看，这些文物都是物化的东西，但实际上，它体现了当时的社会文明、体现了我们祖先的创新意识和创造能力，人文意蕴是非常浓厚的。再如，碑林博物馆藏有历代碑志2000余通，还有大量的造像石刻，是闻名中外的金石学宝库。昭陵博物馆和乾陵博物馆也收藏着数量可观的碑石。这些金石资料中也包含着极为丰富的人文因素。认真保护博物馆的藏品，对这些藏品进行分类研究，从各类文物中发掘出最具人文色彩的素材，并用科学的方法把它们展示出来，自然可以使广大观众从这些文物中感受到强烈的人文气息。

博物馆也是重要的爱国主义教育重要基地。爱国主义是一个永恒的话题。在新的历史时期，国际形势复杂多变，国际竞争异常激烈。在这种情况下，宣传爱国主义、弘扬爱国精神，对于增强民族自尊心和民族凝聚力具有重要意义。博物馆中保存了丰富的爱国主义素材，这些素材是文献资料所无法替代的。除中国革命博物馆中陈列的革命先烈抛头颅、洒热血、前赴后继闹革命的物证以外，其他博物馆也珍藏着许多爱国主义教育的内容。比如，半坡博物馆有6000年前的村落遗址以及遗址中出土的彩陶；宝鸡青铜器博物馆有种类繁多的商周青铜器；秦始皇陵兵马俑博物馆有气势磅礴的地下军团；阳陵博物馆有栩栩如生的汉兵马俑；茂陵博物馆有古朴豪放的大型石刻；汉台博物馆有价值连城的石门十三品；乾陵博物馆有光彩夺目的壁画；法门寺博物馆有精美绝伦的金银器；耀州窑博物馆有名闻遐迩的瓷器；碑林博物馆有千姿百态的造像和内容丰富的书法作品；咸阳博物馆、延安革命纪念馆和陕西历史博物馆也有大量的珍贵文物。这些文物或展现先民生产、生活的场景，或展现商周时代发达的青铜文化，或展现蓬勃向上的秦汉雄风，或展现开放、繁荣的唐代文明，都是中华民族奋发图强的历史见证，凝聚着中华民族的创造力和向心力，可以激发人们热爱祖国的思想感情。可以说博物馆具有强大的社会功能，它不仅是获取知识、启迪智慧的殿堂，而且是进行爱国主义教育的阵地。

然而，对于大多数青少年而言，能够参观博物馆的机会毕竟是有限的。他们要上学，没有时间到全国各地的博物馆参观学习。习近平总书记在参观西安博物院时发表重要讲话，要求“让文物活起来”，实际上就是优化文物的展示方式，让进入博物馆的人更好地了解文物，让无法进入博物馆的人也能对文物有所了解。张君升先生和蒙刚先生对博物馆的社会功能和青少年的实际情况都有充分的认识，因而专门编写了这套《在博物馆里富养孩子》。全书按照周秦汉唐的时代顺序，分为《周礼天下》《秦皇帝国》《大汉雄风》《盛唐气度》四册，以博物馆里的珍贵文物为主要对象，展示了周秦汉唐时代的历史风貌和社会文明。其目的就是要让广大青少年足不出户，认识收藏在各地博物馆中的珍贵文物，感悟博大精深的传统文化。

在这套书中，作者首先介绍了中国百年考古历史和不一样的陕西。在此基础上，以通俗的文字和配图描述了周秦汉唐社会发展演变的基本线索，进而选择具有典型性的精美文物，展示文物图片，注明文物的名称、用途、出土地点和馆藏地点，通过“文物解密”“史料知库”“超级点评”等版块对该文物进行简明扼要的介绍，或通过“米朵”“俊俊”“晨晨”“记者”等虚拟人物与相关文物或人物的对话，生动形象地对所选文物或文化现象进行解读，从而在一定程度上使文物“活”了起来，使青少年可以在轻松愉快的气氛中了解历史、认识文物，学习中国优秀的传统文化，感悟灿烂的中国文明。这套书的优点是既有科学，又有知识性和趣味性，是作者献给青少年的文化盛宴。用中国优秀的历史文化来给孩子补充营养，肯定会收到良好的效益。当然，家长阅读这套书，对提升自己的人文素养也是有好处的。

王双怀

2022年中秋节 作于觅道斋

为什么要学历史

“有输入，才会有输出”
纵观历史，许多名人贤士开口便引经据典、滔滔不绝
写作时文思泉涌、妙笔生花

学习历史可以使我们积累更多的知识与智慧
大脑就像一个储存知识的蓄水池
水位只增不减，且终生受益

“历史”不仅是一面镜子、一个榜样、一种警示
还是无穷智慧的来源与总结
“知史明智，行以致远”
畅游过历史的孩子
有见识、有思想、有智慧、有格局、有责任、有担当

在生活、学习、工作过程中少走弯路
在历史长河中找到榜样，发现优秀而伟大的精神
从而
精神更富有、格局更广大、毅力更坚强、心胸更开阔、生命更宽广
在人生的道路上奋勇前行

坚持“站在当时看当时”的原则
融入当时的历史环境中看历史、分析历史
锻炼孩子的思辨能力，打开孩子智慧的宝库
最终让知识为我们所用

CONTENTS

目录

第四章 文物里的西周

一 中国考古百年

“考古”是一个很神秘，令人充满好奇的行业

它是一个涉及范围广、综合性强的学科

为什么要考古、考古能给我们带来什么

今天，让我们一起走近考古

考古能给我们带来什么？

2021年是中国考古学诞生的100周年，在这短短的100年里，中国考古从无到有、从有到全、从全到细，通过一代代考古人的辛勤努力，取得了令世人瞩目的成就。展示在博物馆里的文物诉说着古人曾经的故事，展示着人类在进化过程中所取得的成就。

“文物”是历史的载体，记录着中华民族灿烂辉煌的千年记忆。它是古代文明的再现，是古人留给我们的文化遗产，是中华文化的重要组成部分，是我们获得文化自信的重要途径，让我们从文物中了解历史，从历史中走向未来。

“文物”是历史的见证，记录着人类走向文明的脚步，诉说着已经远去的故事，真实、准确地告诉我们古人怎样生活、怎样思考、怎样看待这个世界……

“文物”是激发孩子爱国热情、增强民族自豪感的重要史料。5000多年辉煌的文明中，令中华儿女无比自豪的不止有四大发明，还有众多文物，每一件器物不仅有精巧的实用性，还有极富动感的艺术美和美好愿望的文化寓意。

“小文物，大智慧”，每一件看似简单的文物，都值得我们去探索、去发现、去思考。

让考古走向大众，让文物贴近生活，让历史更鲜活、更有趣，让文化更具体。让我们走近文物，去聆听它背后鲜活的故事，探究它所蕴含的智慧与精神。

闻名世界的洛阳铲

米　朵　　老师，洛阳铲是盗墓贼发明的吗？

考古人　　对，是盗墓贼发明的。以前用来盗墓，现在除了考古时使用以外，还用在户外勘探以及一些工程建筑等方面。

米　朵　　具体是谁发明的呢？

考古人　　这是河南洛阳一个名叫李鸭子的人发明的。有了它以后，对于盗墓贼来说那可是“如虎添翼”。由于在盗墓过程中不仅会遇到松软的土，也会遇到砖石、岩石等多种障碍，所以就出现了多种铲头的洛阳铲，可以根据实际情况随时更换。

米　朵　　啊，这么厉害。那洛阳铲一般怎么使用呢？

考古人

洛阳铲一端有柄，可以接长的白蜡杆，使用时垂直向下戳击地面，利用半圆柱形的铲可以将地下的泥土带出，并逐渐挖出一个直径十几厘米的深井，用来探测地下土层的土质，再根据土质辨别文物古迹的年代。

米　朵

考古学是什么？

考古人

考古学是一门本源性的学科，它能给诸多学科和公众提供灵感。“考古学”这三个字，本来就有“探究本源”的意思。考古学的最大使命就是唤回我们的文化记忆。

米　朵

那考古学有什么意义呢？

考古人

考古学是找回记忆、启迪智慧、面向未来的学科，北大考古文博学院赵辉教授曾说：“对历史的研究，不仅仅是为了抚慰我们对已经逝去时光的怀念，或者是为了满足我们对过去的好奇心。历史研究的根本目的是总结经验、温故知新，在时间的长河中理解现代，谋划未来。”

秦公一号大墓车马坑发掘现场

二

不一样的陕西

陕西，这片古老而神奇的土地

曾有14个王朝在此建都

从100多万年前的蓝田猿人到周人建国

这里拉开了建都的序幕

孕育了“周、秦、汉、唐”四个最为辉煌的历史时期

山河锦绣
国泰民安

人文初祖

黄帝陵，号称“天下第一陵”
位于陕西省延安市黄陵县城北桥山
1961年被国务院公布为第一批全国重点文物保护单位
编为“古墓葬第一号”

“黄帝手植柏”相传为黄帝亲手所植，距今5000余年
树高19米，树围11米，是世界上最古老的柏树
有“中华第一柏”的美誉

《史记·五帝本纪》中记载：“黄帝崩，葬桥山”
从汉武帝元封元年（公元前110年）开始
黄帝陵一直是历代王朝举行国家大祭的地方
每逢清明节，这里都要举行祭祀黄帝的大型公祭活动
这里是中华民族的根

一座大秦岭 半部中国史

秦岭，中华民族的龙脉、中国的国岭，与淮河一起构成了中国南北方的地理分界线。秦岭北麓的陕西关中平原孕育了灿烂的中华文明，13个王朝在此建都，地下埋藏着一部厚重的“历史”，承载着中华2000多年的发展历程，记录着周、秦、汉、唐四个时期最耀眼的民族记忆。

厚重的西安

西安
古称长安，寓意“长治久安”
与意大利的罗马、希腊的雅典、埃及的开罗并称
世界四大古都

西安
拥有3100多年的建城史、1100多年的建都史
先后有13个王朝在这里建都
时间长达1100多年

从公元前11世纪至公元904年
这里不仅是中国古代的政治、经济与文化中心
也是中国古代建都时间最长的都城

西安
是一部鲜活的史书
记录着中华民族的沧桑巨变

西安
历经千年的洗礼
留下了开拓进取的民族精神
众多惊世精美的文物、遗迹吸引着全球各地的游客
到此探寻璀璨夺目的中华文明

中国的大地“原点”就在西安

中华人民共和国大地原点

位于陕西省泾阳县永乐镇北流村

北纬34° 32′ 27.00″，东经108° 55′ 25.00″

大地原点，也称大地基准点

是国家地理坐标——经纬度的起算点和基准点

由中心标志、仪器台、主体建筑、投影台四大部分组成

大地原点是中国基础测绘的统一坐标系

是定向、定位等地理数据的基础

在国家经济建设和国防建设等方面发挥着极其重要的作用

"北京时间"来自西安

中国科学院国家授时中心总部位于

西安市临潼区

在西安航天产业基地和渭南蒲城设有分部

在全国各地设有授时监测站、授时发播台、测定轨站等

这里负责国家标准时间（北京时间）的发播

自1966年成立以来

从事时间频率基础研究和应用研究

建成的天地一体星地综合卫星导航授时试验平台

为国家时间频率体系、卫星导航系统的建成作出了重要贡献

国家授时中心不仅为国民经济提供授时服务

还为火箭、卫星的发射及航天技术提供服务保障

除夕夜的“新年钟声”来自西安

每年除夕夜的“新年钟声”来自西安碑林博物馆的景云钟。唐景云二年（711年），唐睿宗巡游到周至，夜宿行宫，梦见霞光漫天，祥云缭绕，以为吉兆，遂下令铸钟作为纪念。钟高247厘米，口径165厘米，因钟铸造于景云二年，所以得名景云钟。

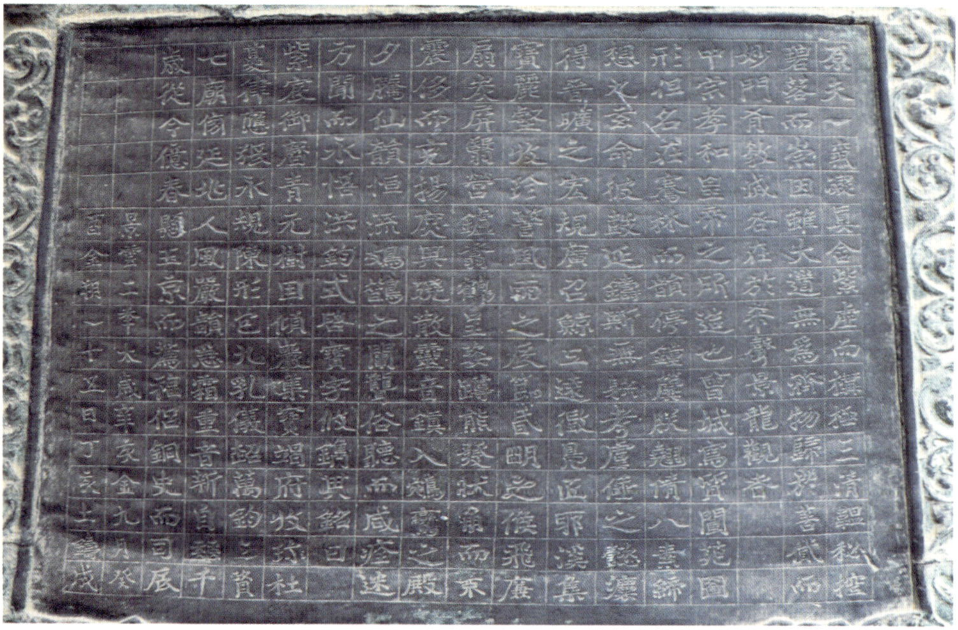

景云钟是截至目前发现的唯一一口存世的由皇帝撰文书写、监工铸造的青铜大钟，因而被称为“天下第一名钟”。钟上有唐睿宗李旦御书的18行292字，所用的笔法融汇了楷、隶、魏等书体特点，堪称唐代的书法精品，也是李旦极少传世的珍贵笔迹，内容是宣扬道教教义、阐述景龙观的来历、景云钟的制作过程及对钟的赞扬，是研究唐代道教不可多得的史料。

这口钟距今已有1300年，但敲起来声音依然宏亮浑厚、清脆优雅。1964年，在日本举办的世界名钟展览中，景云钟被评为世界名钟。

朝代建都表

西安十三个王朝建都表

朝代	都城	建都时间	历时/年
西周	**丰镐**（hào）	**公元前1046～公元前771年**	**275**
秦	**咸阳**	**公元前221～公元前206年**	**15**
西汉	**长安**	**公元前206～公元8年**	**214**
新莽	常安	9～23年	15
东汉(献帝)	长安	190～195年	5
西晋(惠帝)	长安	313～316年	4
前赵	长安	318～329年	12
前秦	长安	351～384年	34
后秦	长安	386～417年	32
西魏	长安	535～556年	22
北周	长安	557～581年	25
隋	长安	581～618年	37
唐	**长安**	**618～907年**	**289**

备注：秦咸阳城位于今咸阳窑店镇一带，西汉至北周长安城位于今西安市以北，唐长安城位于现在西安市区。

史料知库

《史记·刘敬传》记载：且夫秦地被山带河，四塞以为固，卒然有急，百万之众可具也。因秦之故，资甚美膏腴（gāo yú）之地，此所谓天府者也。今陛下入关而都，按秦之故地，此亦搤(è，同“扼”）天下之亢（gāng，咽喉）而拊其背也。

得关中者得天下

米朵 老师，您好！为什么有那么多朝代在西安建都呀？

讲师 假如让你选，你觉得什么样的地方适合做国都呢？（提示：人们日常生活都要具备哪些条件？）

米朵 要有水喝，要有粮食吃。

讲师 对，非常棒！还有国都的防御性能要好，那应该怎么办呢？

米朵 那就建城墙，挖护城河，设立关卡（qiǎ）。

讲师 对，除了城墙和护城河，国都周围最好有“易守难攻”的关口或河流形成的天险。西安能成为13个王朝的国都，主要有“三个安全”因素。

史料知库

1. **防御安全：** 关中平原东有函谷关，北有萧关，西有大散关，南有武关，只要守住四个关口，敌人很难攻入，确保国都的安全。

2. **粮食安全：** 关中平原又称“八百里秦川”，西起宝鸡峡，东至潼关，长约360千米，土地平坦肥沃，旱涝保收，粮食充足。

3. **用水安全：** 西安周围有渭、泾、沣、涝、潏、滈、浐、灞八条河流环绕（俗称“八水绕长安”），加上丰富的地下水，生活生产用水得以保障。

综合以上三个安全因素，长安是最理想的建都之地，自古有“得关中者得天下”之说。

东方帝王谷

古代“事死如事生”的观念认为，在亲人死后，墓葬里是他生前一切的再现。

“百善孝为先”，孝悌之道是核心。关于如何完美地尽孝，儒家认为，生前要尽心赡养父母，父母过世之后要厚葬以表孝心。“事死如事生”的观念使得我们能真实地看到古人生活的点点滴滴。

秦岭北麓的关中平原上有72个帝王陵，埋葬了73位皇帝，还有数不胜数的王公大臣的墓葬，因此关中平原被称为“东方帝王谷”。“事死如事生”的丧葬理念使得地下埋藏了丰富的宝藏。

三

世界的周原

周原

华夏礼乐文明的诞生之地

一个记录周人梦想的地方

历经3000多年的沧桑巨变

埋藏在黄土之下的每一件青铜器

都镌刻着那段辉煌的历史记忆，拂去历史的尘埃

让我们一同去探索华夏文明的起源

西周王朝

建 立 者 姬发

时　　间 公元前1046～前771年

国　　都 镐（hào）京、成周

历经帝王 12王

政治制度 分封制、宗法制、井田制

国　　祚 275年

成　　就 “成康之治”

历史影响

1. 周朝是中国历史上继夏、商之后的第三个奴隶制王朝，奠定了中华文明的仪礼制度，是华夏文明的起源与创造者。
2. 宗法制和井田制作为周朝最基本的社会制度，促进了政治、经济、文化的进一步发展。
3. 周幽王烽火戏诸侯，犬戎（古代，中原王朝对西北游牧民族的统称）入侵，镐京陷落，西周灭亡。公元前770年，周平王东迁，定都洛阳，史称“东周”。其中东周以“三家分晋”为节点，又分为春秋和战国两个时期。

周人崛起 开疆辟土

周人最早生活在姬水地区

历经姜嫄、后稷、不窋（zhú）、鞠的发展

公刘时，迁居于豳（bīn）

但时常受其他部族侵扰

古公亶(dǎn)父率领族人迁至周原（今宝鸡岐山、扶风一带）

这里土地平坦肥沃、物产丰富，适宜农耕

周人快速壮大，成为这片区域的共主

古公亶父传位于三子季历，季历与商王室联姻，关系甚密

季历被商王文丁封为“牧师”

随着国力增长，周对商朝构成了严重威胁，季历被杀

周武王姬发继位，国力逐步强大

公元前1046年

周武王率兵与商朝军队大战于牧野，周军大获全胜

史称“牧野之战”

商朝灭亡，周朝登上了历史舞台

史料知库

豳在甲骨文中，像是一座山，中间有两个猪骨架。民间流传，山中有一公一母两头猪，说明这个地方以前山林茂密，常有野猪出没，经过驯化以后的野猪常常用于祭祀，也是当时人们食物的来源之一。外边这个“山”字就像烤全羊的铁架子，中间部分表示猪肉，说明当时的人们已经吃烤制食品了。

周人先祖 农神后稷

《史记·周本纪》中记载：

“后稷，姓姬，名弃，善种谷物稼穑（jià sè，农业劳动）”

因此被称为“农耕始祖”“谷神”“耕神”

由于弃善于耕种作物，所以名字里有一个“稷”字，称为“后稷”

后稷是周人的先祖

相传是姜嫄在郊外踩巨人脚印怀孕而生

以为不祥而弃之

牛马路过避而不踩，飞鸟以其翼护之，于是姜嫄又抱回抚养

因此起名为“弃”

弃小时候喜欢种植五谷麻菽（shū）

长大后专心从事农耕，善于种植各种粮食作物

被尧舜封为“后稷”，掌管天下农事

后稷培育的黍、稷等作物极大地推动了农业种植的发展

《说文》中记载：“稷，五谷之长。”

稷是一种谷物，除了食用以外，还是重要的祭品

陕西省宝鸡市凤翔县斗鸡台新石器时代的遗址中

发现了稷粒

证实周人在原始社会已经开始种植稷了

现在，陕西省的杨凌被称为中国的“农科城”

是全国首个国家级的农业高新区

“后稷奖”和“后稷特别奖”成为中国农业最高奖项

飞熊入梦 文王访贤

一晚，西伯侯姬昌梦见“飞熊入怀”
认为是吉兆
第二天在渭水之滨遇见一位垂钓的白发老者
奇怪的是钓竿为直钩，无食无饵，离水三寸
姬昌非常诧异，这样能钓上来鱼吗
正在此时，白发老者将钓竿一甩，一尾锦鳞已经挂在钓钩之上
姬昌非常惊讶，认为此人绝非寻常

此人姜姓、吕氏，名尚，字子牙，为贵族之后
精通军事谋略和治国安邦之道
商纣无道，他便想借钓鱼结识贤名远扬的西伯侯姬昌

两人谈论之后，姬昌大喜，认为姜子牙是奇才
子牙号“飞熊”，正与梦中“飞熊入怀”之兆相应
遂诚邀其乘车而归，尊为太师

传说姬昌亲自为姜子牙拉车，行走了800步
因而有“文王拉车八百步，当有天下八百年”的历史故事

武王伐纣 牧野之战

商朝末年，纣王无道
西伯侯姬昌在西岐广施仁政
民风淳朴，社会繁荣
吸引了姜子牙等一大批治国大才
为拯救苦难的人民，推翻纣王的暴政
建言献策、积蓄力量

武王姬发继位
在姜太公、周公和召公的辅佐下励精图治
国力越来越强盛

为检验军队的作战能力
在黄河南岸的盟津举行誓师大会
史称“盟津之誓”

由于商纣王荒淫无度，佞（nìng）臣把持朝政，朝纲混乱
又杀害比干、梅伯，囚禁箕子等忠良贤臣
于是，姬发决定出兵伐纣

公元前1046年
姬发率军与诸侯在孟津会师，召开誓师大会
历数纣王暴政的种种罪行

两军在牧野大战
商军临阵倒戈，大败，纣王在鹿台自焚
商灭周始

封邦建国 授民疆土

周朝建立后，建立并完善了各项制度
政治上实行分封制，经济上实行井田制
文化上实行礼乐制，社会上实行宗法制
这些制度极大地维护、巩固了周朝的统治，对后世影响深远

分封制就是“封邦建国，授民疆土”
西周初年，为了巩固政权、加强管理
周天子将土地和人民分给王公贵族及有功的大臣，建立诸侯国
诸侯必须服从于周天子，听从调遣、按期朝贡
周天子成为天下共主
形成了“周天子-诸侯-卿大夫-士-庶民-奴隶”的等级秩序

周朝分封制度

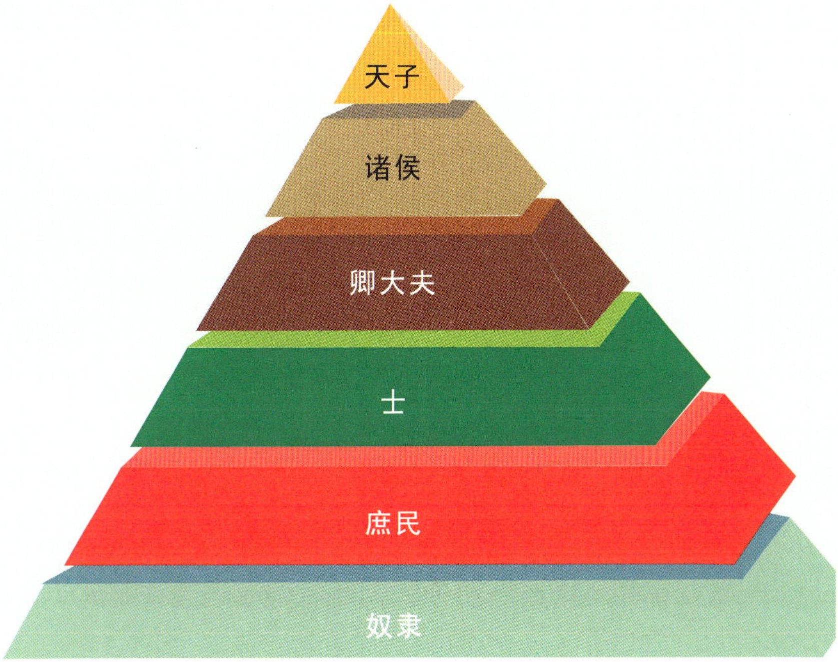

井田制是中国奴隶社会的一种土地制度

按照道路和沟渠纵横交错的方式将土地分成“井”字形

中间为公田，周边为私田

周天子将土地分给庶民耕种，庶民按期缴纳贡赋

土地归周天子私有，庶民只有耕种权

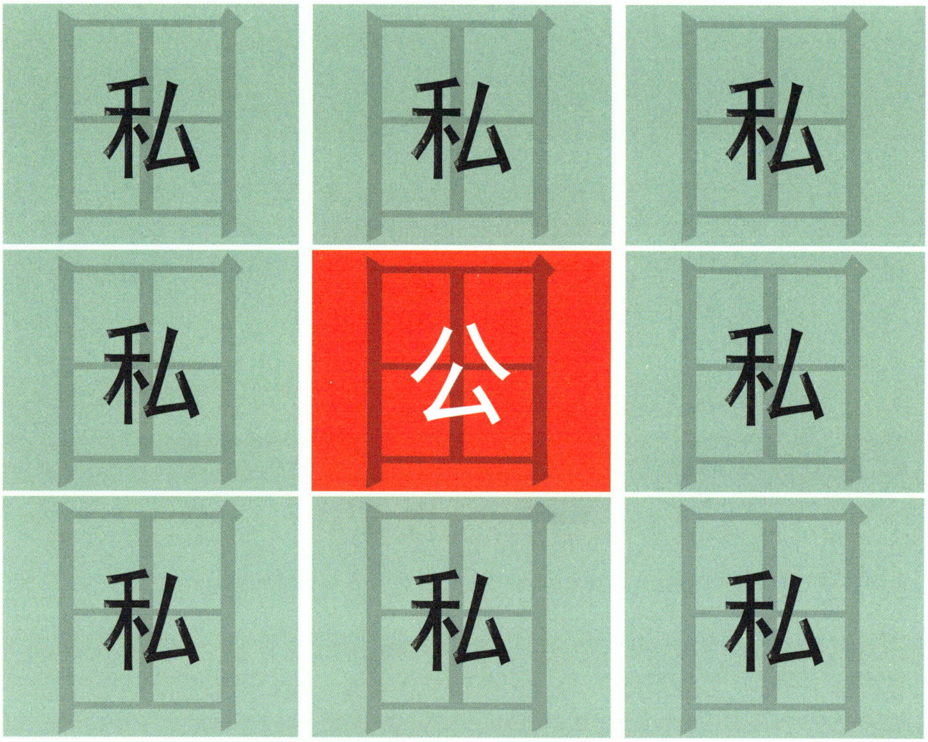

宗法制是按照血缘关系进行身份区分的社会制度

嫡长子继承制是宗法制的特点

周天子是全体姬姓宗族的“大宗”，即最大的族长

主持宗庙的祭祀

对天子而言，诸侯是小宗，但在其封国内却是大宗

诸侯除嫡长子以外的儿子被分封为卿大夫

对诸侯而言，卿大夫是小宗，但在他的采邑内却是大宗

以下等级亦是如此

周公辅政 天下归心

周公辅佐武王灭商后
又与召（shào）公共同辅佐其子周成王治理国家

周公渴望、珍惜人才
“一沐三握发，一饭三吐哺”
召公勤政爱民
“问政于阡陌之间，决讼于甘棠树下”
今宝鸡岐山周公庙的“乐楼”和“甘棠重阴”之碑
就是用来纪念周公、召公之德的

为了调节阶层政治秩序，教化民众，稳定社会
周公制定了一套完整系统的典章制度，史称“周礼”

礼者，天地之序也；乐者，天地之和也
“礼乐”成为各种重要礼仪活动中所用的音乐

礼序乾坤 乐和天地

《周礼》是一部儒家经典
由西周时期的政治家周公旦所著，为十三经之一
与《仪礼》《礼记》合称“三礼”
记载了先秦的政治、经济、文化、风俗、礼法等多种制度

周朝以“分封制”进行国家管理
为了巩固统治，周公旦将以前的礼乐进行整理、完善
制定出了一系列的典章制度
包括起居、宴饮、丧葬、祭祀等诸多方面
称为“周礼”

《周礼》分为“礼”和“乐”两部分
“礼”是对人的身份进行划分与规范，从而形成等级制度
“乐”是在礼的基础上进行精神秩序培育以维护统治

《周礼》为十三经之一，对后世影响深远
隋朝实行的“三省六部制”中
“六部”就是参照《周礼》中的“六官”制定的
唐代的“吏、户、礼、兵、刑、工”六部的设置也是参照了周礼
后世一直沿用到清朝灭亡

周礼成为中国古代社会统治的核心思想
汉代以后，礼的适用功能和范围已经发生改变
但礼的长长、尊尊、亲亲的基本原则未曾改变，影响中国社会两千多年

青青子衿 悠悠我心

《诗经》是中国最早的一部诗歌总集

收集了西周初期至春秋时期约500年间的诗歌

现存305篇

其中《风》160篇，《雅》105篇，《颂》40篇

因此，《诗经》又被称为“诗三百”

《诗经》是古代诗歌开端，也是周朝社会生活的一面镜子

分为《风》《雅》《颂》三个部分

包含了祭祖、风俗、爱情、战争、徭役、地貌及动植物等内容

《风》是《诗经》的精华部分

素材来源于各地的民歌

包含了爱情、婚姻、思乡、劳动、反压迫等内容

如

“青青子衿，悠悠我心。纵我不往，子宁不嗣音？”

“死生契阔，与子成说。执子之手，与子偕老。”

“关关雎鸠，在河之洲。窈窕淑女，君子好逑。”

“蒹葭苍苍，白露为霜。所谓伊人，在水一方。”

史料知库

诗经六义指的是“风、雅、颂”三种诗歌形式与“赋、比、兴”三种表现手法。

鲁迅说《诗经》是中国最古的诗选，“以性质言，风者，闾巷之情诗；雅者，朝廷之乐歌；颂者，宗庙之乐歌也”。

等级森严 贵贱分明

《周礼》记载：“天子九鼎八簋（guǐ），诸侯七鼎六簋，卿大夫五鼎四簋，士三鼎二簋……”鼎和簋奇偶相配以体现等级。

周朝的社会阶层

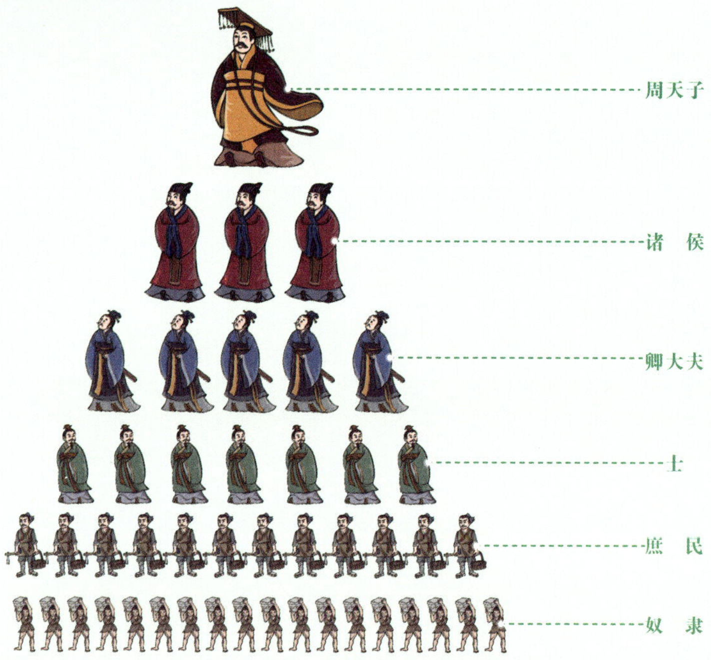

“鼎”最初为食器，相当于煮饭的锅
随着历史的发展成了礼器，是权力和等级的象征
“列鼎制度”是贵族身份等级的一种体现
级别越高，使用鼎簋的数量越多，享用的食物种类也越多

春秋五霸之一的楚庄王
曾派遣使者询问周王朝九鼎的轻重
此后“问鼎”成为企图篡夺政权的代名词

四

文物里的西周

西周的青铜器

以种类多、造型美、铭文长著称于世

有食器、水器、酒器、乐器、兵器、建筑构件等种类

是研究西周历史文化真实的实物资料

北京冬奥会火种台设计灵感来源

名　　称：何尊

用　　途：礼器

出土地点：1963年陕西省宝鸡市贾村镇

馆藏地点：宝鸡青铜器博物院

“宅兹中国”是“中国”一词最早的记载
出现在距今有3000多年历史的“何尊”之上
当时为地理概念，与现在含义有所不同

自我介绍

大家好，我叫何尊，2022年北京冬奥会火种台设计灵感就来自我。“中国”这两个字大家最熟悉不过了，我身上有12行122字的铭文，其中就有“宅兹中国”，这是“中国”一词最早的记载。因为铸造我的人叫“何”，所以大家称我为“何尊”。

我是西周贵族所使用的酒器，周成王五年（公元前1111年）四月，周王对贵族子弟进行训诰（gào），号召子弟们要向父辈学习，恭德顺天。“何”受到周王赏赐，因此就制作了祭器进行纪念，其中就有我。

我身上的122个字具有很高的历史价值：

第一，在周成王五年四月丙午这一天，成王对贵族子弟进行训诰，要求他们向父辈学习，恭德顺天。由于“何”的父亲辅佐文王、武王立下了汗马功劳，因此受到周王的赏识，得到了30串朋，也就是贝壳，何做了这件祭器用来纪念。这是3000多年前的一份真实、可靠的历史资料。

第二，这些文字还记载了在洛阳营建都城、迁都及三监之乱的事情。武王英年早逝，成王继位，周公摄政，引发管叔、蔡叔不满，他们联合纣王的儿子起兵造反，史称“三监之乱”。接着山东地区的殷商旧势力也蠢蠢欲动，一时间西周政权在风雨中飘摇不定。周公东征，平叛三监后，秉承武王遗志，营建洛邑，要在天下的中心治理民众。这些文字与《尚书·召诰》《尚书·洛诰》《史记·周本纪》中的记载相互印证，具有证史和补史的作用。

释文

唯王初□宅于成周，復爯武王礼，□自天，在四月丙戌王诰宗小子于京室，曰：昔在尔考公氏，克弼文王，肆文王受兹大命，唯武王既克大邑商，则廷告于天，曰：余其宅兹中国，自兹□民。呜呼，尔有唯小子亡识，视于公氏，有□于天，徹命，敬享哉，□王□德□天，顺我不敏，王咸诰，何、锡贝卅（三十）朋，用作庚公宝尊彝，唯王五祀。

30元钱买回来的国宝

1963年一个秋天的上午
陕西省宝鸡市陈湖家后院土崖被大雨冲塌了
晚上，陈湖上厕所时，发现土崖上有两道幽幽的绿光
一家人提心吊胆地过了一夜

第二天一大早陈湖跑过去一看
原来是一件铜尊上两个铜钉在月光的照射下发出的绿光
陈湖将它挖出后用来装粮食

1965年，由于生活所迫
陈湖将其以30元的价格卖给了废品收购站，差点回炉
后来，被博物馆的工作人员发现，以30元收回
珍藏于宝鸡博物馆

1975年，在北京故宫参展时
上海博物馆馆长马承源先生发现尊内底有字，惊喜万分
清理之后发现有12行铭文共122个字
是周成王训诫勉励的内容
何及先祖被表扬，周成王赐给何30串朋，何做尊以为感念

“五年营成周”铭文
与《尚书大传》中的记载相互印证，完全一致
铭文中“中国”两个字，是“中国”两个字的最早记载
因此，何尊成为国之重宝

西周·食器

为了维护统治秩序

奴隶主制定了一整套礼制和森严的等级制度

伴随着礼制的出现与强化，鼎、簋等青铜器被赋予了特殊的含义

成为“礼器”，这就是所谓的“藏礼于器”

青铜食器的种类

青铜食器由饪食器、盛食器和挹（yì）取器等组成，其中多数为礼器，具有“明尊卑、别上下”的功能，是等级制度和权力的标志。

饪食器

鼎 用于烹煮、宴飨、祭祀的器具，有两耳圆腹三足的圆鼎，也有两耳方腹四足的方鼎和异形鼎。

甗 蒸食器，分上下两侧，利用水蒸气将箅子上的食物蒸熟。

鬲 炊煮器，其三足袋状结构可扩大受火面积，能很快将食物煮熟。

鍪 战国时期，秦人用的炊食器，鼓腹圆底，敛口束颈状。

盛食器

簋 盛放黍、稷、粱等食物的器具，也是重要的礼器。在祭祀和宴飨时与鼎配合使用。

盂 古代一种盛食器，也是一种水器，多为侈（chǐ）口深腹，圈足两耳状。

敦 盛放黍、稷、稻等食物的器具，流行于春秋晚期到战国晚期。

盨 盛放黍、稷、粱、稻等食物的器具，流行于西周晚期。

簠 祭祀和宴飨时，用来盛放黍、稷、粱、稻等食物的器具。

豆 盛放肉酱、腌菜和调味品的器皿。也是一种礼器，以偶数组合起来使用。

铺 与豆相似的盛食器，流行于西周中期到春秋时期。

挹取器

匕 挹取食物的勺子。

俎 一种切肉、盛肉的案几，也是一种礼器。

国之重器 宝鼎典范

名　　称：毛公鼎

用　　途：礼器

出土地点：1843年陕西省宝鸡市岐山县

馆藏地点：台北故宫博物院

毛公鼎内壁有500字铭文
是目前发现的青铜器中铭文最长的一件鼎
内容翔实完整，被誉为“抵得一篇《尚书》”
为研究西周历史提供了真实的实物资料

文物解密

1843年，在陕西省宝鸡市岐山县发现了一件大鼎
为“两耳圆腹三足”状
鼎内有32行共500字铭文
因制作鼎的人叫“毛公”，因此称其为“毛公鼎”

这些文字记录了周宣王即位之后
常思振兴朝政，治理国家
请叔父毛公为其处理国家内外的大小政务等历史事实
毛公为了报答天子的辉煌美德
铸造了一个宝鼎以传后世，让子子孙孙永远铭记

毛公鼎被古董商人以白银300两买走
后来被古董商苏亿年收藏
1852年，北京金石学家、收藏家陈介祺以1000两从苏亿年手中买走
常年藏于密室
陈介祺病故后，陈介祺后人卖掉此鼎
后为两江总督端方所得
端方后人因生活所迫将其卖给了大收藏家叶恭绰
叶家人也因生活所迫，将毛公鼎典押给银行，最后被陈永仁出资赎出
1946年，陈永仁将毛公鼎捐献给国家
最终珍藏在台北故宫博物院

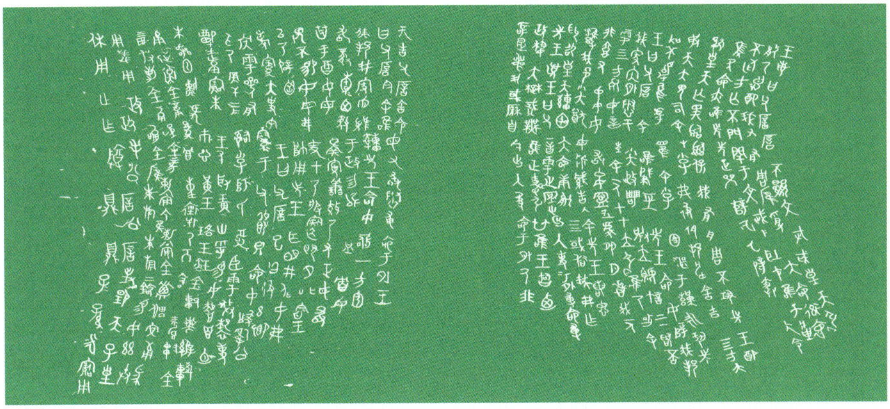

释文

王若曰：父歆，丕显文武，皇天引□□德，配我有周，膺受大命，率□不廷方，亡不□于文武耿光，唯天□集厥命，亦唯先正□□厥辟，□□大命，肆皇天亡，□临保我有周，丕巩先王配命，□天疾威，司余小子弗及，邦将□吉，□□四方，大□不靖。呜呼！□余小子□湛于□，永巩先王。

王曰：父歆，今余唯□经先王命，命汝□我邦，我家内外，□于小大政，屏朕立，□许上下若否。于四方，尸毋□毋余一人才立，引唯乃智，余非庸又昏，汝毋敢荒宁，虔夙夕，惠我一人，唯我邦小大猷，毋折□，告余先王若德，用仰昭皇天，申恪大命，康能四国，俗我弗作先王□。

王曰：父歆，□之庶出入事于外，□命□政，□小大胥赋，无唯正昏，引其唯王智，廼唯是丧我国，□自今出入□命于外，厥非先告父歆，父歆舍命毋有敢□□命于外。王曰：父歆，今余唯申先王命，命汝亟一方，□我邦、我家，毋推于政，勿□□庶人□。毋敢拱□，拱□廼□，善效乃友正，□敢湛于酒，汝毋敢□在乃服，恪夙夕，敬念王威不易。汝毋弗用先王作明型，欲汝弗以乃辟陷于艰。王曰：父歆，已曰，抄兹卿事寮，大事寮于父即君，命汝□□公族，□三有□，小子师氏，虎臣，□朕亵事，以乃族捍□王身，取□卅（数字三十）锊（重量单位），锡汝秬鬯一卣，□圭瓒（一种酒器）宝，朱市，悤衡，玉环，玉瑹、金车，□□□，朱□□靳，虎□、熏裹，右□，画□，画輴，金桶，错衡，金□，金豙，□、盛、金□□，鱼箙，马四匹，攸勒，金台，金膺，朱旂二铃，锡汝兹□，用岁□征，毛公歆对杨天子皇休，用作尊鼎，子子孙孙永宝用。

普天之下 莫非王土

名　　称：旟（yú）鼎

用　　途：礼器

出土地点：1972年陕西省宝鸡市眉县杨家村

馆藏地点：陕西历史博物馆

旗鼎内壁有4行28字铭文

记述的是王姜收回了赐给师栉的土地，连同庄稼转赐给“旗”

旗铸此鼎以为纪念

文物解密

鼎内28字铭文记载证实了

“普天之下，莫非王土；率土之滨，莫非王臣”

这是奴隶制社会土地所有制特征

王是所有土地的拥有者

他可以将土地和耕种土地的劳动力赐给下属

也有权随时将土地收回

下属对土地只有使用权而没有所有权

这就是所谓的“授民授疆土”

周康王的后妃王姜会给大臣赏赐土地

在当时“男尊女卑”的社会中

王姜竟然拥有一定的社会地位和权力

这一发现令人惊叹

旗鼎证实了“采邑制”在西周时期就已存在

以此解决人口的急速增长

旗鼎造型庄重大气、纹饰精美、史实清晰

历史价值、书法价值极高，是研究西周历史的重要资料

更是当之无愧的国宝

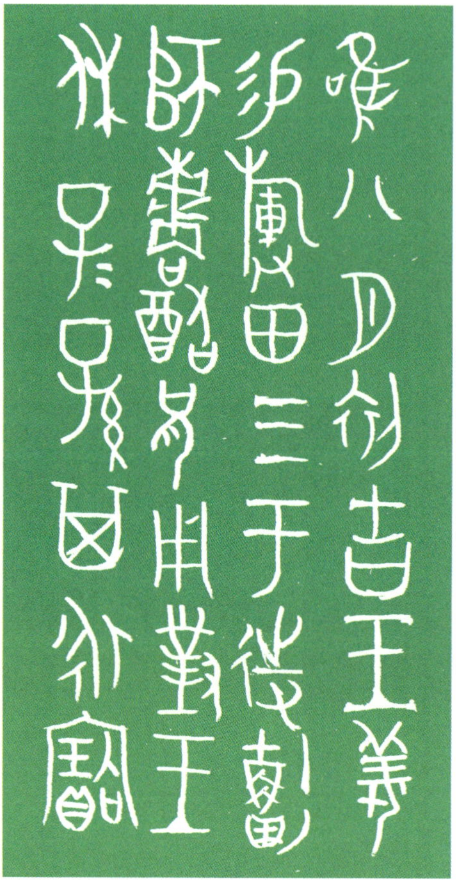

释文

唯八月初吉，王姜锡旗田三于待□师□酤兄，用对王休，子子孙孙其永宝。

关于土地纠纷的“青铜史书”

名　　称：五祀（sì）卫鼎

用　　途：礼器

出土地点：1975年陕西省宝鸡市岐山县

馆藏地点：陕西历史博物馆

五祀卫鼎内壁有19行共207字铭文
记载了西周时期一宗土地交易的历史事实
说明西周时土地已经私有，但交易转让必须经过官府

文物解密

1975年2月的一天
陕西省宝鸡市岐山县董家村的村民在平整土地时
发现了一个窖穴内藏有大量青铜器
五祀卫鼎就是其中一件

鼎内的铭文记述的是
一个叫裘卫的人想与他的邻居邦君厉交换土地，发生了纠纷
裘卫将此事报告给刑伯、伯邑父、定伯等大臣
邦君厉同意偿付并立下誓言
经三有司（司徒、司马、司空）以及内吏实地勘察
最终划定地界、办理相关手续

这些铭文说明当时土地已经私有
如果要转让、交易，需要通过官府办理相关手续

铭文局部效果图

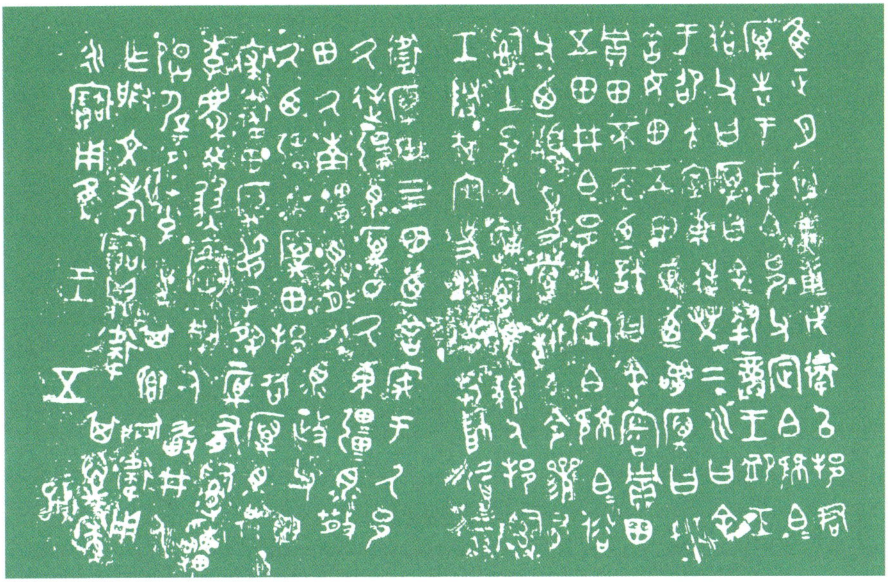

释文

唯正月初吉庚戌，卫以邦君厉告于刑伯、伯邑父、定伯、黥伯俗父，□厉□：余□恭王□功于昭太室东逆营二川。曰：余舍汝田五田。正乃讯厉曰：汝□田否？厉乃许，曰：余审□田五田。刑伯、伯邑父、定伯、黥伯、伯俗父乃□，使厉誓。乃令□有□：司土邑人□、□马□人邦、司工附□、内史友寺□，帅□裘卫厉田四田。乃捨宇于□邑□逆朔疆朔逮厉田、□东疆逮散田，□南疆逮散田，□政父田，□西疆逮厉田。邦君厉逮付裘卫田。厉叔子夙、□有司申季庆癸、豳表荆人敢、邢人□□，卫小子者逆其□□。卫用作朕文考宝鼎。卫其万年永宝用，唯王五祀。

满载军人的荣耀

名　　称：多友鼎

用　　途：礼器

出土地点：1980年陕西省西安市长安区

馆藏地点：陕西历史博物馆

多友鼎内壁有22行共279字铭文

记述了周人常受猃狁（xiǎn yǔn）侵扰，多友率军击败猃狁

周厉王大喜，赐给多友青铜一百多钧（jūn），多友铸此鼎以为纪念

捷报

王上：

猃狁败，已逃离周境，多友率领我军杀敌300余人，俘获20多人，缴获战车127辆，被掳子民悉数带回。

臣：武公

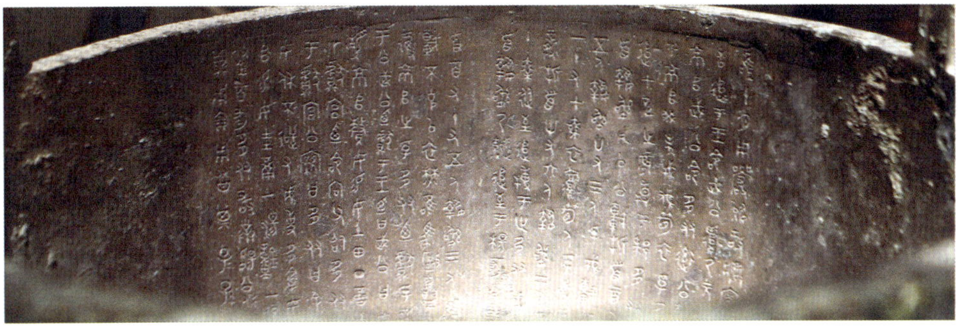

奖赏

将军、诸将士：

猃狁侵扰，国家危难，诸位爱国，奋勇出征，艰苦御敌，激战半月，四战四捷，为国流血牺牲，甚是悲痛。

现赐多友将军青铜100多钧（古代的重量单位，一钧约为15千克），其余将士皆按律论功行赏，将士辛劳，返营休整。

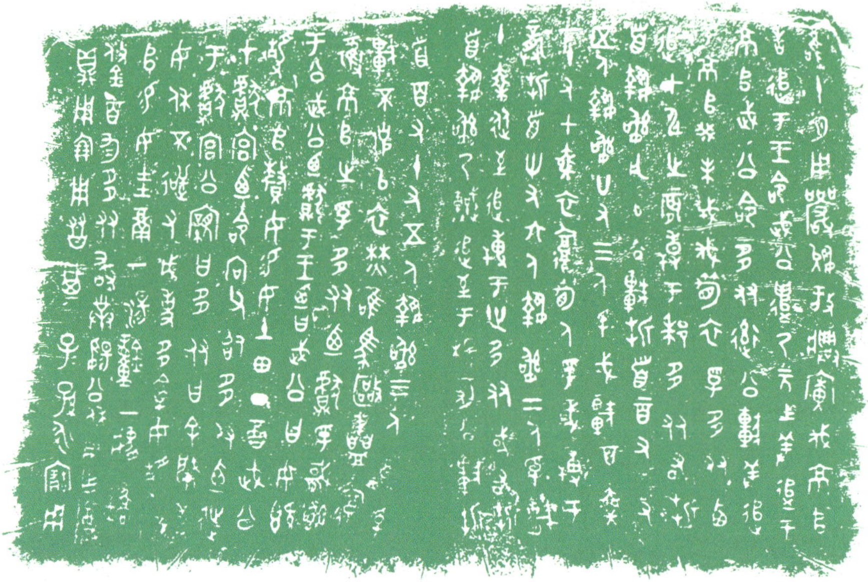

释文

唯十月，用严狁放兴，广伐京□告追于王。命武公遣乃元士，羞追于京□，武公命多友率公车，羞追于京□，癸未，戎伐笱，□俘。多友西追，甲申之晨，搏于□，多友右折首执讯，凡以公车折首二百又□又五人，执讯二十又三人，俘戎车百乘一十又七乘，卒□□人俘。又搏于□，折首三十又六人，执讯二人，俘车十乘，从至。追搏于世，多友又有折首执讯。乃口追，至于杨冢。公车折首百又十又五人，执讯三人，唯孚车不克，以卒焚，唯马□□，复夺京师之俘。多友乃献俘□□于公。武公乃献于王，乃曰武公曰：汝既静京师，□汝，锡汝土田。丁酉武公在献宫，乃命向父召多友，乃徙于献宫。公亲曰多友曰：余肇使汝休不逆，有成事，多擒汝静京师，锡汝圭瓒一、汤钟一□、□鐅百钧。多友敢对扬公休，用作尊鼎用朋用友，其子子孙孙永宝用。

感恩天子赏赐 感谢先祖护佑

名　　称：大克鼎

用　　途：礼器

出土地点：1890年陕西省宝鸡市扶风县

馆藏地点：上海博物馆

大克鼎内壁有290字铭文
记述了克氏家族的功绩及天子对其家族的感恩
为研究西周时期的土地、礼仪、职官等制度提供了实物资料

文物解密

1890年
陕西省宝鸡市扶风县法门镇任村出土了两件大小不一的铜鼎
因铸造此鼎的人叫“克”
所以称为“大克鼎”和“小克鼎”

克的家族是西周时期的大贵族
克的祖父师华父曾辅佐周王室管理国家，功勋卓著
周天子感念师华父作出的功绩，遂提拔其孙克为“膳夫”
负责传达周天子命令

克为了感谢天子对自己的恩赐，感恩祖父的护佑
遂铸7只鼎以为纪念

大克鼎出土后先是被山东的柯劭忞（mín）收藏
后又被潘祖荫用重金买回收藏
潘祖荫死后，其弟将大克鼎运回苏州老家珍藏

1912年，美国人想以重金购买大克鼎
后又被潘氏后人拒绝
中华人民共和国成立后，潘达将大克鼎献给国家
现藏于上海博物馆

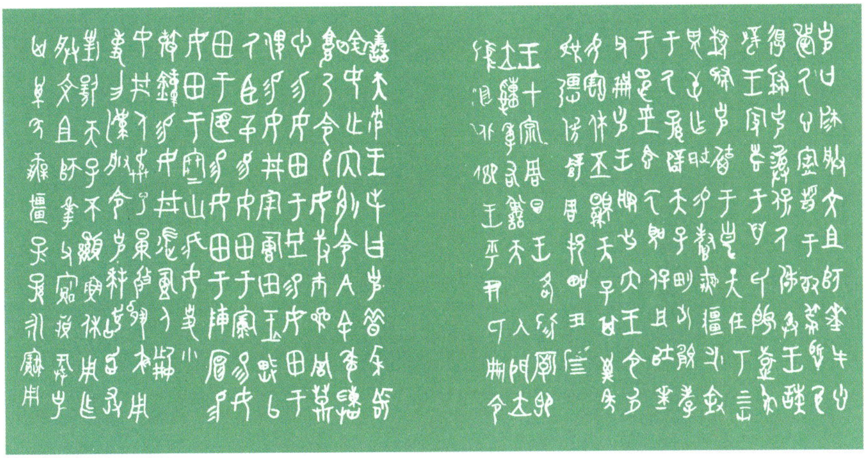

释文

克曰：穆穆朕文祖师华父，聪□厥心，宇静于猷，淑哲厥德。肆克恭保厥辟恭王，谏辪王家，惠于万民。柔远能□，肆克□于皇天，□于上下，得纯亡敃，锡□无疆，永念于厥孙辟天子，天子明哲，景孝于神，经念厥圣保祖师华父，擢克王服，出纳王命，多锡宝休。丕显天子，天子其万年无疆，保辥周邦，□尹四方。王在宗周，旦，王格穆庙，即位，申季右膳夫克，入门，立中廷，北向，王呼尹氏册命膳夫克。王若曰：『克，昔余既命汝出入朕命，今余唯申就乃命，锡汝叔市、参同□悤。锡汝田于□，锡汝田于淠，锡汝井□，田于□□厥臣妾，锡汝田于□，锡汝田于匽，锡汝田于□原，锡汝田于寒山，锡汝史、小臣、□、□、鼓、钟，锡汝井、微、□人□。锡汝井人奔于量，敬夙夜用事，勿废朕令。』克拜稽首，敢对扬天子丕显鲁休，用作文祖师华父宝□彝，克其万年无疆，子子孙孙永宝用。

盛世吉金 命运曲折

名　　称：大盂（yú）鼎

用　　途：礼器

出土地点：1849年陕西省宝鸡市眉县

馆藏地点：中国国家博物馆

大盂鼎内壁有19行291字铭文
记述的是周康王在宗周训诰盂之事
为研究西周分封制及周王与臣属关系提供了重要的实物资料

米　朵　你好，你肚子里的字是什么意思啊？

大盂鼎　这些文字记载的是周康王告诫我的主人盂，殷代因酗（xù）酒而亡，周代则忌酒而兴，让我主人一定要尽力地辅佐他，敬承文王、武王的德政。王赏赐给我主人酒、车马、仪仗、礼服和1726个奴隶，并且嘱咐他一定要好好工作，不要让他失望。我的主人铸此鼎祭祀他的祖父南公。

米　朵　这是什么字体呀？

大盂鼎　这叫金文，文字学家说这是西周早期金文书法的代表。

米　朵　你当时在地下是怎么被发现的？

大盂鼎　1849年，我在陕西省宝鸡市眉县被人挖出，当时岐山县首富宋金鉴把我买走收藏，被岐山县令周庚（gēng）盛强行占有，后来左宗棠的幕僚袁保恒以700两白银收藏。

米　朵　那后来又发生了什么呢？

大盂鼎　袁保恒把我送给了左宗棠，左宗棠为了报答潘祖荫的救命之恩，将我送给了潘祖荫，潘祖荫过世之后，他弟弟把我带回苏州老家。历经坎坷，中华人民共和国成立后，主人将我送到了上海博物馆，1959年我搬家到中国国家博物馆。

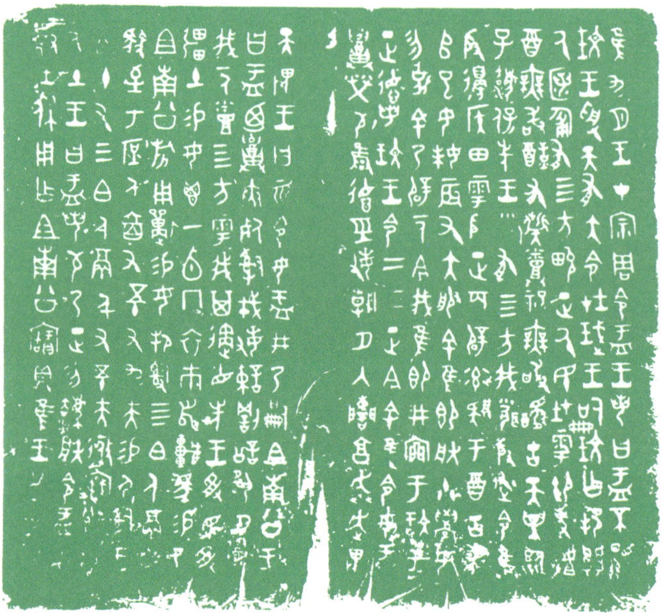

释文

唯九月，王在宗周，命盂。王若曰：盂，丕显文王，受天有大令，在武王嗣文作邦，□氒匿，匍佑四方，□正氒民，在□御事□。酉无敢□，有□□祀无敢□，古天翼临子，法保先王，□有四方，我闻殷述命，唯殷边侯□与殷正百辟，率肄于酒，故丧□巳，汝妹辰有大服。余唯即朕小学，汝勿□余乃辟一人。今我唯即型□于文王正德，若文王令二、三正。命余唯命汝盂绍□，敬□德经，敏朝夕入谏，亨奔走，畏天畏。王曰：耐，命汝盂型乃嗣祖南公。王曰：盂□□夹尸司戎，敏諫罚讼，夙夕绍我一人□四方，□我其□省先王受民受疆土。锡汝鬯一卣，冂衣、市、舄、车、马，锡乃祖南公旂，用□。锡汝邦司四伯，人鬲自驭至于庶人六百又五十又九夫，锡夷司王臣十又三伯，人鬲千又五十夫。□□自氒土。王曰：盂，若敬乃正，勿废朕命。盂用对王休，用作祖南公宝鼎，隹王廿又三祀。

庄重古朴 文明典范

名　　称：淳化大鼎
用　　途：礼器
出土地点：1979年陕西省咸阳市淳化县
馆藏地点：陕西历史博物馆

淳化大鼎是目前发现的西周青铜器中体型最大的一件
独特之处在于腹壁上有三个半圆形大耳
这种形制的鼎，目前仅此一件

米　朵　你身上又没有字，为什么这么珍贵，还不能出国？

淳化大鼎　我的肚子外侧有3个半圆形动物造型的大耳，两耳间隔的肚子上各有1个牛头。

米　朵　你那口沿下面是什么花纹呀？

淳化大鼎　我的口沿下面铸造有相对的两组6条夔（kuí）龙，每条夔龙都是大眼凸起、嘴巴大张、舌头卷起。是不是显得非常灵动？

米　朵　那你腿上的花纹又是什么呢？

淳化大鼎　那是我腿上的兽面浮雕，弯曲向外突起的角有一对大耳、四只锋利的爪子，张大嘴巴好像要吃什么东西一样，非常凶猛。

局部效果图

征战史实 册赏礼仪

名　　称：四十二年逨（lái）鼎

用　　途：礼器

出土地点：2003年陕西省宝鸡市眉县

馆藏地点：宝鸡青铜器博物院

鼎内壁25行281字铭文记述了

周宣王四十二年，周王对逨进行册命，并赏赐了酒和土地

逨做此鼎，感激天子的赏赐，感念先祖的护佑

米朵：你身上那281个字是什么意思啊？

逨鼎：当年周王鼓励我的主人“逨”要勤于工作，我的主人在攻打戎狄的战争中立下赫赫战功，受到周王室的册封和奖励。

米朵：那当时周王是怎么说的呀？

逨鼎：王上对我家主人说：逨，从前你的先人辅佐先王，尽心操劳。我没有忘记你们这些圣贤的子孙们，你要效仿你的先辈，勤勉国事。

米朵：看来你家主人世代显赫、政绩突出，深受周王的爱戴呀！

逨鼎：我家主人对天子非常感激，因此铸造了这个大鼎作为纪念，同时也是对先祖的追念。

铭文局部效果图

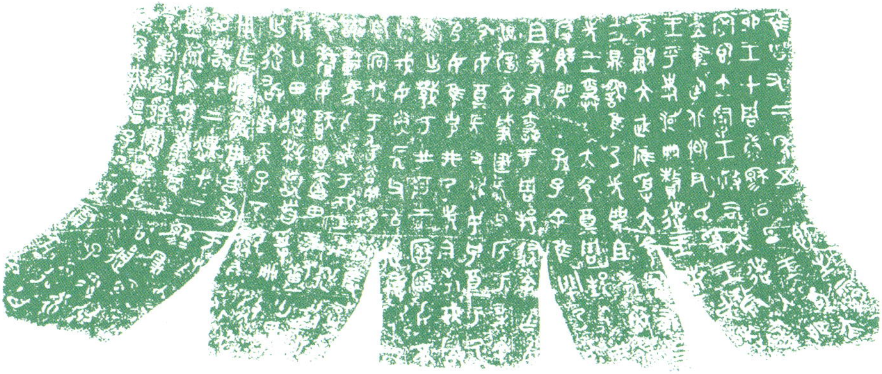

释文

唯□又二年五月既生霸乙卯，王在周康穆宫，旦，王各大室，即立，司工散右吴逨人门立中廷，北乡，尹氏受王赘书，王乎史□册赘逨。王若曰：『逨，丕显文武，膺受大命，匍有四方，则□，唯乃先圣祖考，夹□先王，爵□大命，奠周邦，余弗□望圣人孙子。余唯闭乃先祖考，有爵于周邦，肆余作沙询，余肇建长父□于杨，余命女奠长父休，汝奠于厥师。汝唯克刑乃先祖考，兵猃狁。出，□于刑阿，于曆□，汝不□戎汝□长父以追。搏戎，乃即宕伐于弓谷，汝执讯，获馘，俘器、车马，汝敏于戎工，弗逆。朕亲令赘汝矩鬯一卣，田于□卅田，于□廿田。』逨拜稽首，受册赘以出，逨敢对天子丕显□休扬，用作□彝用□孝于前文人，其嚴在上，□在下，穆秉明德，豐豐□□降余康稣屯又通录，永令，眉寿绰绾。□臣天子，逨其万年无疆子子孙永宝用昌。

发现者访谈录

杨家村窖藏

5位发现者是王宁贤、王明锁、王拉乾、王勤宁、张勤辉

记　者　请你们给大家讲讲这些青铜器是怎么被发现的。

发现者　2003年1月19日下午，我们5个人在村子北边的北崖挖土。大约在距离地面10米的位置，突然刨出一个拳头大的洞，大家趴在洞口往里看，竟然是一堆青铜器。

记　者　你们发现的时候是怎样的心情？

发现者　当时我们既高兴又紧张，害怕别人过来哄抢。我们商量后决定报告政府，文物局的工作人员闻讯立即赶来进行挖掘，将清理出来的文物存放到了博物馆。政府对我们进行了奖励，还邀请我们去北京为这些文物展览剪彩。

最奢华的嫁妆

名　　称：函皇父鼎

用　　途：礼器

出土地点：1933年陕西省宝鸡市扶风县

馆藏地点：陕西历史博物馆

函皇父鼎内壁有35字铭文
为函皇父为女儿做的一套嫁妆礼器
为研究当时的礼乐制度提供了真实的实物资料

文物解密

据史料考证，函皇父为周公后裔
也是周幽王时期的重臣，位列百官之首
当时，他为女儿做了一套奢华的嫁妆

由于周幽王烽火戏诸侯，导致犬戎入侵
周朝贵族匆忙逃离时将这些笨重的器物埋于地下

史料记载，这批青铜器先后两次被发现
1933年，康克勤父子发现之后卖掉一部分，留了一部分
土匪将其父子杀害后抢走了剩下的青铜器
函皇父鼎历经波折
1952年收藏于陕西历史博物馆

铭文局部效果图

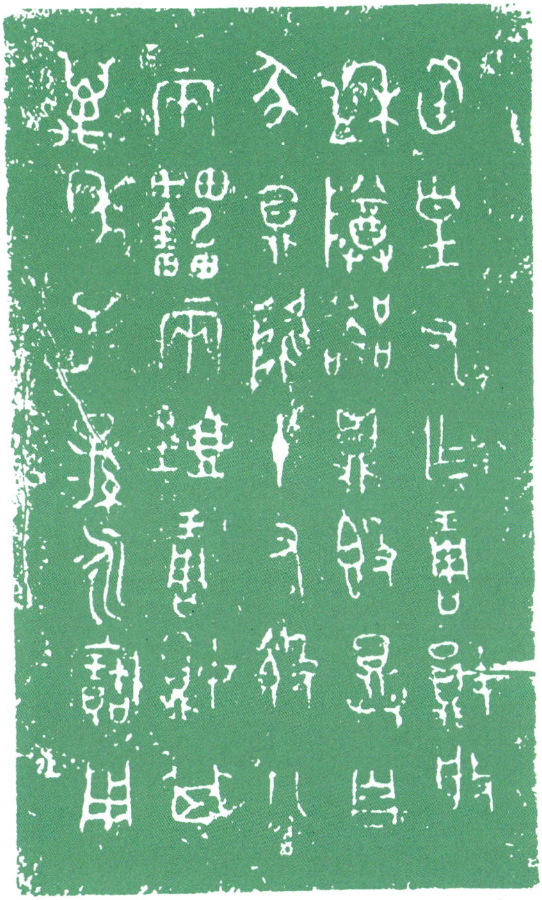

释文

函皇父作□□般盉，尊器，鼎、簋具，自豕鼎降十又、簋八、两罍、两壶，□□其万年子子孙孙永宝用。

命运悲惨的奴隶

名　　称：刖（yuè）人守门鼎
用　　途：食器
出土地点：1976年陕西省宝鸡市扶风县庄白村
馆藏地点：周原博物院

刖人守门方鼎反映的是奴隶制社会的一种刑罚制度
刖刑就是把犯了错误的奴隶的脚砍掉
这是一件集实用性、警示性、教育性为一体的青铜器

文物解密

刖人守门方鼎是一件食用器具
是统治者维护统治、警示教育的载体
也是古代刑罚制度的一件实物资料

上层盛放食物，下层放置炭火
正面有门，两侧有方孔窗户，炉底留有5个小方孔
便于通风散烟和加热
使食物保持一定的温度，方便食用

鼎下部的炉膛可以盛炭火
炉膛正面有两扇门
左侧有插销
右扇有一个裸体束发、仅剩右足的奴隶

鼎足好像一只怪兽
角像羊、脸像猴、钩像鸳、身体像鹿

《周礼·秋官》记载：
墨者使守门，劓（yì）者使守关，宫者使守内，刖者使守囿（yòu）
刖人守门鼎是一件造型奇特的食器
其上遭受刖刑的奴隶，是反映西周刖刑的实物资料

局部示意图

史料知库

“墨、劓、宫、刖、大辟”是奴隶制社会的五种刑罚制度，意思分别是脸上刺字、割鼻子、去掉生殖器、砍脚、死刑。

目前发现有关“刖人”的文物有5件，分别是宝鸡青铜器博物院刖人守门鼎、周原博物院刖人守门方鼎、山西博物院藏刖人守囿铜车、内蒙古赤峰市宁城县小黑石沟出土的刖人守门方鼎，以及北京故宫博物院藏刖刑人方鼎。

蒸制食物 历代相传

甗，是一种利用水蒸气蒸制食物的器具。分上下两层，上部可以放置食物，称为甑；下部为鬲，用于煮水，水蒸气通过中间的箅子蒸制食物。西周末期到春秋初期，甗与簋、豆、壶、盘、盉等组成一套礼器进行随葬。伯甗，1976年在陕西省宝鸡市竹园沟西周墓葬出土，现藏于陕西历史博物馆。

三足鼎“鬲” 匠心独具

名　　称：伯矩鬲

用　　途：礼器

出土地点：1974年北京市房山区琉璃河遗址

馆藏地点：首都博物馆

鬲是古代一种煮饭的炊器

大部分为三足状，大足中空，以增大容量和受热面

便于快速加热炊煮

文物解密

伯矩鬲，又称牛头纹带盖伯矩鬲

盖内与颈内壁有相同的15字铭文

“在戊辰，匽侯易（赐）伯矩贝，用乍（作）父戊尊彝”

这是奴隶主身份、地位、权力的象征，代代相传，以示荣耀

盖顶中央的盖钮由两个相背的立体小牛头组成

盖面有两个浮雕牛首纹，牛角向上翘起

颈部六条短扉棱由夔纹进行装饰

三只袋足用牛头纹装饰，纹饰精美、形象逼真

体现了周朝高超的铸造工艺，为西周青铜的极品之一

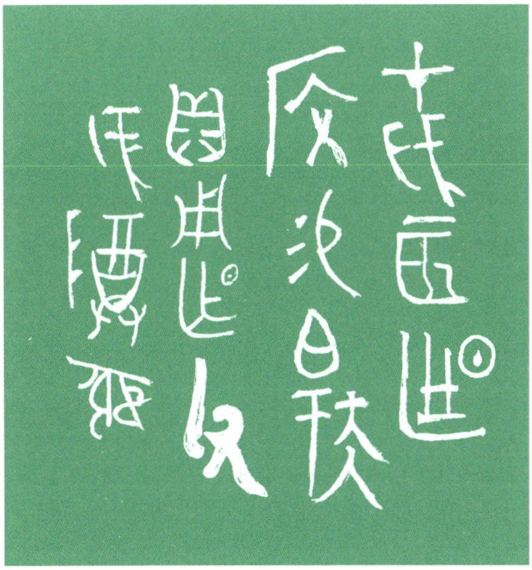

释文

才（在）戊辰，匽侯赐伯矩贝，用作父戊尊彝。

敛口圆腹 造型独特

鍪，是战国时期秦人用的一种炊食器，为鼓腹圆底，敛口束颈状，肩部有耳，秦汉时期为两耳，一大一小。1977年陕西省宝鸡市凤翔县高庄墓出土，现藏于陕西考古博物馆。

镇国之宝 断代依据

名　　称：利簋

用　　途：礼器

出土地点：1976年陕西省西安市临潼区

馆藏地点：中国国家博物馆

“利簋”内壁有4行32字铭文

这是关于牧野之战唯一的实物记载

利簋的记载证实了周武王在公元前1046年灭商

米　朵　你怎么叫利簋呀？

因为制作我的人叫“利”，所以我叫“利簋”。　**利　簋**

米　朵　听说你还是国宝级文物呢，为什么？

利　簋　我腹内有4行32个字，证实了周武王灭商的时间是在公元前1046年。这件文物具有“补史、证史、断代”的作用，历史意义非常重大。

米　朵　这些字都是什么呀？

利　簋　这些文字是：“武征商，唯甲子朝，岁鼎，克昏，夙有商。辛未，王在□师，锡右史利金，用作檀公宝尊彝。”

米　朵　这是什么意思呀？

利　簋　记录了“利”曾追随周武王参加战争，胜利后受到奖赏，铸造了这件铜器以记功劳并用来祭奠祖先。最重要的是记载了武王灭商的时间。

米　朵　你怎么是这种颜色啊，一点都不好看。你是用来做什么的啊？

利　簋　其实我最初的颜色非常鲜亮，历经了3000多年已经被氧化了。我开始是用来盛放煮好的食物的，后来与鼎成为礼器，是身份和等级的象征。

米朵 你为什么上面是圆的，下面是方形的？

利簋 这是“天圆地方”的象征。

米朵 噢，我懂了，谢谢。

释文

武征商，唯甲子朝，岁鼎，克昏，夙有商。辛未，王在□师，锡右史利金，用作檀公宝尊彝。

穿越千年的荣耀

名　　称：卫簋

用　　途：礼器

出土地点：陕西省西安市长安区

馆藏地点：西安博物院

卫簋，簋盖和簋壁上各有6行55字铭文
某年八月，周王在康宫赏赐给卫蔽膝、马饰等物品
卫甚是感动，铸此簋以为纪念

铭文

唯八月初吉丁亥，王客于康宫，荣伯右卫内入即位。王曾命卫，锡赤市、攸勒。卫敢对扬天子丕显休，用作朕文祖考宝𬴊簋，卫其子子孙孙永宝用。

瑰丽多姿 华贵典雅

名　　称：凤鸟纹铜簋

用　　途：礼器

出土地点：陕西省西安市长安区

馆藏地点：西安博物院

古人认为“凤”是吉祥之鸟
被称为“鸟中之王”
凤鸟纹成为青铜器中最常用的纹饰

文物快讯

近日，在西安市长安区花园村出土了一件凤鸟纹铜簋，纹饰精美，呈上圆下方造型，整体以凤鸟纹为主，圆目尖喙（huì），高冠长尾，圆腹两侧有凤鸟形耳。方形基座四面各有6只凤鸟围绕一周，极其生动，内底有3行18字：“唯九月，□叔从王员征楚荆，在成周□作宝簋。”这是我们了解西周历史及青铜铸造工艺的重要实物资料。

分身终合 镇馆之宝

名　　称：颂簋

用　　途：礼器

馆藏地点：山东省博物馆

颂簋内壁有15行152字铭文
记述了周王册命颂监造新宫，并赐官服、旗帜等
颂簋与颂壶、颂钟并称为“三颂”
现为山东博物馆十大镇馆之宝之一

文物解密

颂簋记述了西周王室册命官员的历史
造型为圆腹圈足，圈足下有三个兽面象鼻形足
腹部两侧有一对兽首耳
顶有圈形捉手，盖与腹均饰横条脊纹

盖和器身各有15行152字铭文
周王册命颂掌管成周贮（匿）甘家
监督新造，积贮货物，以为宫御之用
周王赏赐颂玄衣、省纯、赤市、朱黄、攸勒等物品
颂接受命册
退出中廷，然后再回返，向周王献纳瑾璋

颂簋出土之后，几易其主
后被清朝时期山东著名的金石收藏家丁树贞收藏
丁氏家族没落，弟兄分家时将颂簋盖、身分藏

20世纪40年代
器身被胶东古物管理委员会黄县文管分会收集
50年代
丁氏后人张秀琳女士将所藏簋盖捐献给山东省博物馆
颂簋最终得以完整展出

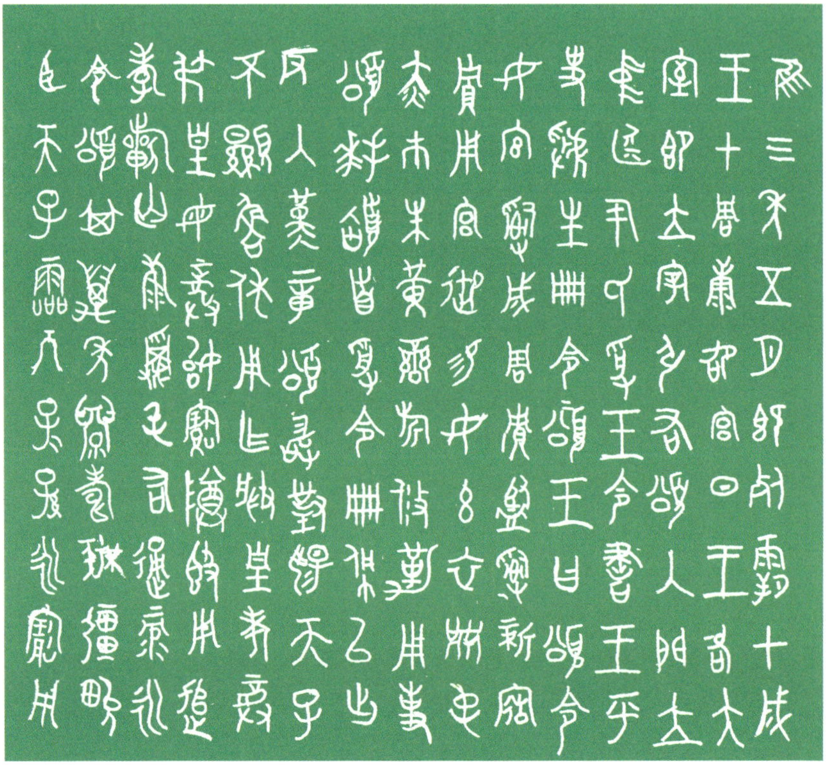

释文

唯三年五月既死霸甲戌王在周康昭宫。旦，王格大室，即立。宰引佑颂入门，立中廷。尹氏受王命书，王呼史虢生册令颂。王曰：颂，命汝官司成周贮，监司新造贮用宫御。赐汝玄衣黹纯，赤市、朱黄、銮旗、攸勒，用事。颂拜稽首。受令册，佩以出返入□□，颂敢对扬天子丕显鲁休，用作朕皇考恭叔、皇母恭姒宝尊簋。用追孝，祈匄康□、纯佑、通禄、永命。颂其万年眉寿无疆，畯臣天子灵终，子子孙孙永宝用。

险些回炉熔化的“国宝”

名　　称：匽侯盂

用　　途：食器

出土地点：1955年辽宁省朝阳市喀喇沁左翼蒙古族自治县

馆藏地点：中国国家博物馆

匽侯盂内壁刻有“匽侯作饙（fēn）盂”5字铭文

证实了召公姬奭（shì）的封地就在蓟地（今北京）

文物解密

盂是西周的一种盛水器或盛食器

因做器者为匽侯而得名

两耳、圈足、深腹、平底，以云雷纹与夔凤纹进行装饰

内壁刻有“匽侯作饙盂”5字铭文

为确定燕国最初的封地提供了重要的依据

召公姬奭作为燕国的统治者

治国有方，勤政爱民

召公姬奭走访乡村时，在棠梨树下办公

为了纪念他，后人一直保留着他当年办公的那棵棠梨树

还作了诗歌《甘棠》赞颂召公姬奭

1955年，辽宁省朝阳市喀喇沁左翼蒙古族自治县的村民

唐永兴、张怀仁等人种地时发现了16件青铜器

当准备卖给废品收购站时，唐永兴发现青铜器上有文字

经学校的历史老师确认，这是距今3000多年前的青铜器

匽侯盂局部纹饰

释文

匽侯作饙盂

上下对称 内外皆圆

敦，是盛放黍、稷、稻等食物的器皿，由鼎、簋的形制发展而来。器型上下内外皆为圆形，有上下对称的，也有上下不对称的，盖与身合起呈球形或卵形。变形鸟兽纹四耳铜敦于2012年在西安市临潼区湾李村出土，现藏于陕西考古博物馆。

盖可仰置 盛放食物

盨，是盛放黍、稷、稻等饭食的器皿，一般成偶数组合。盨呈椭方形，圈足鼓腹，敛口双耳，盖仰置可盛放食物，主要流行于西周晚期。京叔盨现藏于陕西历史博物馆。

合则一器 分则两器

簠，《周礼·舍人》中记载："凡祭祀共簠簋。"簠是祭祀和宴飨时用来盛放黍、稷、粱、稻等食物的器具，呈长方体，棱角突出，上下对称，合则成为一体，分则为两个器皿。2013年，在陕西省宝鸡市石鼓山出土，现藏于陕西考古博物馆。

形似高足盘的礼器

豆，是盛放腌菜、肉酱等调味品的盛食器，形似高足盘，上为圆盘状，盘下有柄，柄有圈足。《周礼·掌客》中记载："凡诸侯之礼，上公豆四十，侯伯豆三十有二，子男二十有四。"豆作为礼器，与鼎、簋、簠、盨、罍等配套使用。

豆有一定的容积，因此"豆"又是一种计量单位。《左传·昭公三年》中记载了齐国原有4种量器：豆、区、釜、钟，豆列第一。当时规定"四升为一豆，四豆为一区"。

浅圆盘 大圈柄

铺，是一种与豆相似的盛食器，圈足粗而矮，多为镂空，没有形成似豆的柄。铺盘底平且浅，不能多置物，流行于西周中期至春秋时期。

盛肉、切肉的案子

俎，是用来切肉、盛肉的案子。案面为长方形，中部略凹，案下两端有足，常与豆配合使用。《礼记·燕义》中记载："俎豆牲体，荐羞，皆有等差，所以明贵贱也。"俎也是一种礼器，如西周器上铭文有"羞俎""彘俎"的记载。"羞俎"是盛放羊牲的俎，"彘俎"是盛放猪牲的俎，说明在当时盛放不同牲体的俎已有专门的名称。

形似桃叶 柄尾磬折

名　　称：匕

用　　途：挹取食物的勺子

出土地点：1976年陕西省宝鸡市扶风县庄白一号窖藏

馆藏地点：宝鸡青铜器博物院

西周·水器

大部分水器用于盥（guàn）洗

分为注水器、承水器、盛水器和挹水器四种

有盉（hé）、盘、匜（yí，用来注水的器具）、盆、盂和鉴等

青铜水器的种类

商周时期，宴前饭后要进行沃盥之礼。《礼记·内则》中记载：“进盥，少者奉盘，长者奉水，请沃盥，盥卒授巾。”在进行沃盥之礼时，由年长者持匜向主人的手上慢慢倒水，年轻的侍者持盘在下部承接洗过手的废水。

考古发现，西周中期以前，流行盘、盉配合使用，西周晚期后，多为盘、匜配合使用。后来，沃盥之礼渐渐废除，盘被“洗”替代。

盘 承水器。商周时期，宴飨前后要进行沃盥之礼，用匜或盉浇水洗手，用盘承接洗过手的废水。

匜 盥洗时，用来注水的器具。像今天的瓢，为四足状，有鋬有流。

鉴 古代用来盛水或盛冰的器具。盛水多用来照面，盛冰用于冰酒，类似于冰箱。还有的鉴用来沐浴。

盂 古代的一种盛水器，也可以盛食。多为侈（chǐ）口深腹，圈足两耳状。

盉 古代的一种水器，也是一种酒器。用水调和酒味的浓淡。

沐缶 缶分为沐缶和尊缶，沐缶为盥器，流行于春秋晚期至战国。尊缶为酒器。

中国第一盘

名　　称：逨（lái）盘

用　　途：礼器

出土地点：2003年陕西省宝鸡市眉县

馆藏地点：宝鸡青铜器博物院

速盘内壁有21行共360字铭文
记述了单氏家族8代人辅佐西周12位天子征战、理政的事实
被誉为“中国第一盘”

文物解密

逨盘造型大气精美，有21行360字铭文。这些文字对西周王室变迁及年代世系有着明确的记载，第一次印证了《史记·周本纪》所记的西周诸王名号。逨盘上共提到12位周天子，分别是文王、武王、成王、康王、昭王、穆王、共王、懿王、孝王、夷王、厉王、宣王，但没有记载周幽王。

铭文局部效果图

超级点评 ★★★★

著名学者指出，逨盘铭文所载的西周各王室的重要史事与文献、以前发现的金文的记述基本吻合，如文王、武王灭商，成王、康王巩固开拓疆土，昭王征楚，穆王四面征战等。可印证史书的记述，并对夏、商、周断代工程所拟的西周列王年表进行了检验。优美的造型与纹饰，气势恢宏的长篇铭文和精湛的铸造工艺使它成为西周青铜器中的重器。

释文

逨曰：丕显朕皇高祖单公，桓桓克明哲□德，夹召文王武王达殷，膺受天鲁命，匍有四方，竝□勤疆土，用配上帝。□朕皇高祖公叔，克逨匹成王，成受大命，方狄不享，用奠四域万邦。□朕皇高祖新室仲，克幽明□心，柔远能□，会召康王，方怀不廷。□朕皇高祖惠中父，龢于政，有成于猷，用会昭王、穆王，□政四方，□伐楚荆。□朕皇高祖零伯，□明□心，不□□服，用辟□王、懿王。□朕皇亚祖懿仲，匡谏谏克匍保厥辟考王、夷王，有成于周邦。雩朕皇考□叔，穆穆□□，龢□于政，明□于德，享辟厉王。逨肇□朕皇祖考服，虔夙夕敬朕尸事，肆天子多锡逨休，天子其万年无疆，耆□黄耇，保奠周邦，谏□四方。王若曰：逨，丕显文武，膺受大命，匍有四方，则□唯乃先圣祖考，夹□先王，□堇大命。今余唯经乃先圣祖考，申□乃命，令汝□□兑，□司四方□林，用宫御。赐汝赤市、幽黄、攸勒。逨敢对天子丕显鲁休扬，用作朕皇祖考宝尊盘，用追享孝于前文人，□在上，翼在下，□□□□，降逨鲁多福，眉寿绰绾，授余康□、纯右、通禄永命令终，逨畯臣天子，子子孙孙永寶用享。

国宝错当喂马盘

名　　称：虢（guó）季子白盘

用　　途：礼器

出土地点：陕西省宝鸡市陈仓区

馆藏地点：中国国家博物馆

虢季子白盘内底有111字铭文
记述了虢国的子白奉命率军出战，打败獫狁
周王大喜，重赏子白，子白做盘以为纪念

文物解密

虢季子白盘形似一个长方形的大浴缸，口大底小，曲尺形四足，略呈放射形，四壁各有两只衔环兽首耳，口沿饰一圈窃曲纹。内底的文字讲述虢国的子白奉命率军出战，打败獫狁，斩敌首500，俘虏50人，战后献馘（guó，战争中割下敌人的左耳），周王为其设宴庆功，并赏赐马、弓矢、钺等器物，以资勉励，虢季子白因而做盘以为纪念。

1864年夏，淮军攻陷常州。刘铭传住在护王府，晚上读书时听到金属叩击的声音感到好奇，随着声音寻找，发现声音是从马厩传出来的，仔细一看，原来是马笼头上的铁环碰了马槽所发出的声响，刘铭传仔细查看后，觉得这个马槽非同寻常。

波曲纹

第二天早上，刘铭传命马夫将马槽刷洗干净，看见外壁四边各饰两个兽首衔环，整个外壁满布纹饰，内底具有大量文字，通篇工整严谨。刘铭传随即将这件宝贝悄悄地送回了老家。

虢季子白盘给刘铭传家族带来极大的麻烦，军阀、日寇、国民党官吏纷纷索取，刘家人不得已把盘埋于地下。1949年中华人民共和国成立，刘铭传第四代孙刘肃曾将盘挖出，献给国家。

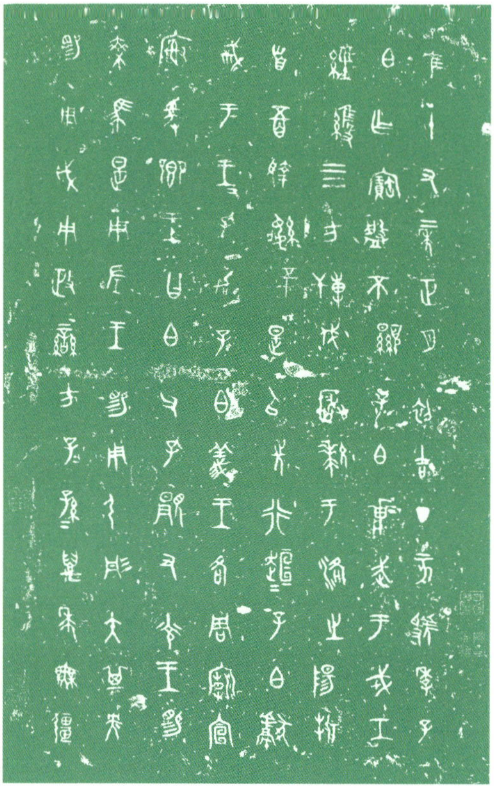

释文

唯十又二年，正月初吉丁亥，虢季子白作宝盘。丕显子白，壮武于戎功，经维四方。搏伐猃狁，于洛之阳。折首五百，执讯五十，是以先行。桓桓子白，献馘于王，王孔嘉子白义。王格周庙，宣榭爰□。王曰：白父，孔□有光。王赐乘马，是用左王，赐用弓，彤矢其央。赐用钺，用征□方，子子孙孙，万年无疆。

证史之实 补史不足

名　　称：墙盘

用　　途：礼器

出土地点：1976年陕西省宝鸡市扶风县

馆藏地点：周原博物院

证史：盘中的铭文记述的周王政绩与司马迁在《史记·周本纪》中的记载一致，完全符合历史二重证据法。

补史：填补了文献资料中没有关于微氏家族的记载。

2021年8月15日　　星期日　晴

今天我们参观了周原博物馆，我印象最深的就是一个大盘子。盘里边一共有284个字，前面是颂扬西周文、武、成、康、昭、穆、共（恭）七代周王的功绩，后边是记叙微氏家族高祖、烈祖、乙祖、亚祖、文考和做本盘者自身六代的事迹。这些文字包含了祭辞诰命、征战杀伐、盟誓契约、册赐宴享、婚嫁礼俗、刑事诉讼、土地转让等重要的历史信息，非常重要，禁止出国展览。

这个盘是1976年在陕西省宝鸡市扶风县庄白村出土的，记录的是一个叫“墙”的人。因为墙在周朝做史官，所以这个盘被称为“史墙盘”。

今天的参观，使我对周朝有了更深刻的了解，就像老师说的，我们“不光要读万卷书，还要行万里路”。

篆体与楷体对照

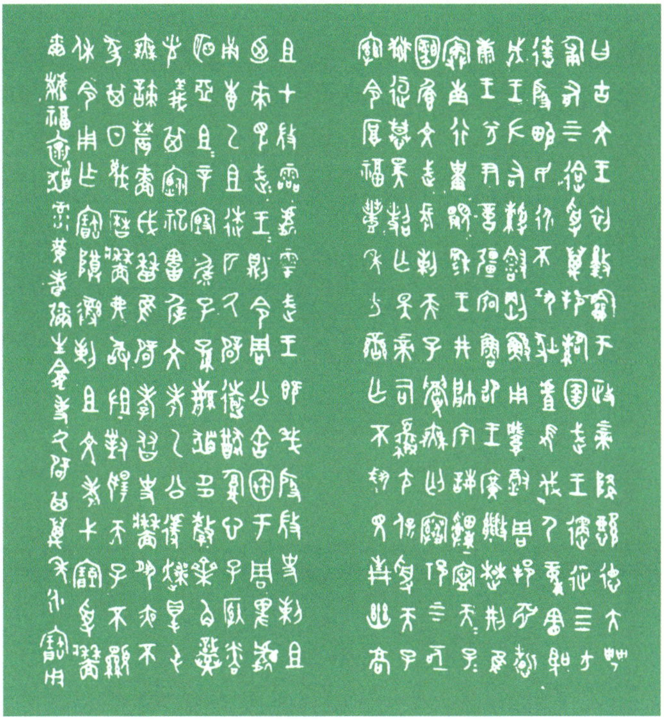

释文

曰古文王，初□□于政，上帝降□德大屏。□有上下，□受万邦。□□武王，□征四方，□殷□民，永不巩狄粗，微伐夷童。□圣成王，左右□□刚鲧，用肇□周邦。□哲康王，兮尹意疆。宏鲁昭王，广□楚荆，唯□南行，□景穆王，型帅宇谋，申宁天子，天子恪□文武长烈，天子□无害。□□上下，亟狱宣慕，昊照亡□。上帝司□尤保，授天子□命，厚福、丰年，方□亡不□见。青幽高祖在微□处，□武王既□殷，□史烈祖□来见武王，武王则令周公舍□于周，卑处□□乙祖逨匹□辟，远猷腹心，兹□□，明，亚祖祖辛，□育子孙，繁福多□，□禄□光，宜其□祀。胡□文考乙公，□爽得屯无谏，农穑越□，唯辟孝友，史□夙夜不□，其日蔑历。□弗敢沮，对扬天子丕显休令，用作宝宝尊彝，烈祖、文考，式□受□□□福，怀福禄，黄□，□生，堪事厥辟，其万年永宝用。

皇帝的生日礼物

名　　称：散氏盘

用　　途：礼器

出土地点：陕西省宝鸡市陈仓区

馆藏地点：台北故宫博物院

嘉庆皇帝50岁大寿之时
阿林保将散氏盘敬献给皇上作为寿礼
皇帝随赐阿林保为两江总督
散氏盘存于内府，后有传言已毁，1924年散氏盘在库房被发现
抗日战争期间散氏盘随故宫文物南迁，现藏于台北故宫博物院

观后感

今天我在电视上看到一些藏在台北故宫博物院的文物，其中有一个盘，主持人说盘内有357个字，其中有“散氏”两个字，所以叫“散氏盘”。这是一个圆形两耳圈足盘，外侧以精美的夔龙纹进行装饰。

这些文字记录了西周时期土地赔偿、交割的事情。当时矢国偷袭散国的田邑，给散国造成了重大损失。于是矢国割地赔偿，明确范围界线，最后举行盟誓活动，确定守约后，还将所割田地进行绘图，由矢氏执守，史正仲农拿着左券，作为文书证据。这是西周时期土地制度的重要文物资料。

高一七班　米朵
2021年8月10日

篆体与楷体对照

①

②

③

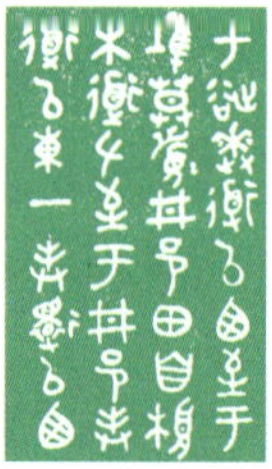
④

⑤

⑥

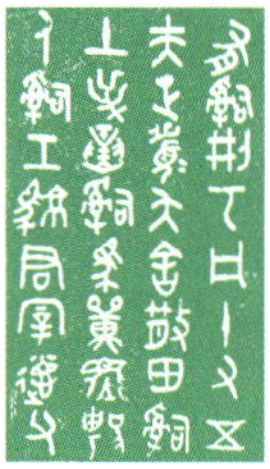
⑦

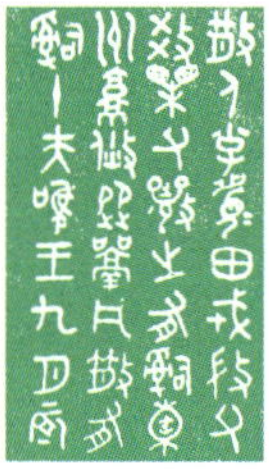
⑧

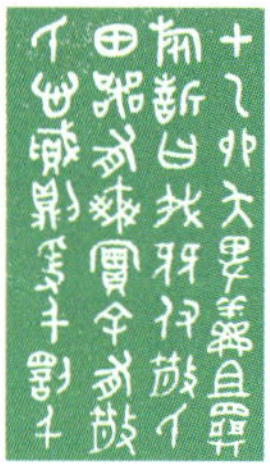
⑨

⑩

⑪

释文

用矢□散邑，乃即散用田。眉自□涉以南至于大沽一封。以陟，二封，至于边柳。復涉□，陟□，徂達□。以西封于敝城，楮木，封于□逨，封于□道，内陟□，登于厂湶，封□折、□陵、刚折。封于□道，封于原道，封于□周道，以东封于棹东疆，右还封于眉道，以南，奉于诸逨道，以西至于鸿墓。眉井邑田。自根木道左至于井邑，封，道以东一奉，还以西一奉，陟刚三封。降，以南封于同道。陟州刚，登折，降棫二奉。矢人有司眉田：鲜，且、微、武父、西宫襄、豆人虞丂、录、贞、师氏右省、小门入□、原人虞艿、淮司工虎□、□丰父、□人有司刑，丂，凡十又五夫。正眉矢舍散田：司土□寅、司马□□人司工□君、宰德父，散人小子眉田戎、微父、效□父、襄之有司□、州□、焂从□，凡散有司十夫，唯王九月，辰在乙卯，矢卑鲜、且、□、旅誓曰我既付散氏田器，有爽，实余有散氏心贼，则□千罚千，传弃之。鲜、且、□、旅则誓，□卑西宫襄、武父誓曰我既付散氏□田、□田，余有爽□，□千罚千。西宫□、武父则誓。厥受图，矢王于豆新宫东廷。厥左□□，史正仲农。

砍足酷刑 维护统治

名　　称：它盘
用　　途：水器
出土地点：1963年陕西宝鸡扶风县齐家村
馆藏地点：陕西历史博物馆

不仅是一种水器，更是一种警示

文物解密

它盘是一种盛水器，盘内铸有“它”字铭文。此盘平唇、浅腹、双耳向上高出口沿，圈足用斜角夔纹进行装饰，圈足下有4名裸体男子为足，4人都是受过“刖刑”的奴隶。刖刑是西周墨、劓、刖、宫、大辟五大刑之一，就是将犯人的双足或一足剁去。将该造型做于盆底，有一定的警示作用。

史料知库

早期青铜器上的铭文是徽记，用于标识器主，有繁、简两种形式。简式仅为族徽或族名、官名等，如“它”“史”等；繁式有器名、用途、存放地点及作器者等内容，如“曾仲游父用吉金，自作尊壶”等，还有祈愿子孙后代的吉语“子子孙孙万年永宝用”等。

千年匠心 构思精妙

名　　称：逨盉

用　　途：水器

出土地点：2003年陕西省宝鸡市眉县杨家村窖藏

馆藏地点：宝鸡青铜器博物院

“逨”是人名，“盉”是一种水器
逨盉将地上奔跑的老虎、水中遨游的龙、天上飞翔的凤鸟，融为一体
精巧的构思体现了一种匠心精神

文物解密

龙是中华民族的图腾，在人们心中象征着祥瑞
传说龙在天能腾云驾雾，下海能追波逐浪，在人间则能呼风唤雨
神通广大的龙成为权力、高贵的代表

凤是传说中的神鸟，是百鸟之王
古人赋予凤美丽、吉祥、善良、爱情的象征
《史记》记载，周文王元年，凤凰聚集于岐山之巅，引颈高鸣
预示着周族的兴旺发达

老虎被称作百兽之王，是“王者”的象征
可以祈福纳祥、永保平安
是人们喜爱的守护神，也是威严与权力的象征

古人在祭祀时以龙、凤、虎作为媒介与天地沟通
逨盉构思精妙，造型别致
以展翅欲飞的凤鸟为盖，以向上攀爬的虎为链，将器身与盖相连
以龙头为流，腹部两侧以夔龙纹装饰
在一件有形的器物上表现了一个美好且意蕴无穷的画面
内壁上的3行20字铭文
“逨作朕皇高祖单，公圣考尊盉，其万年子孙永宝用”
具有极高的历史价值

以盉注水 以盘接水

名　　称：它盉

用　　途：水器

出土地点：1963年陕西省宝鸡市扶风县齐家村

馆藏地点：陕西历史博物馆

盉是一种水器，常与盘配套使用
盉用来注水，盘承接洗过手的废水
盖内有“它”字铭文，因此称为“它盉”

文物解密

它盉腹部为扁圆的鼓形，鼓面呈旋涡纹，盖似一只欲飞的凤鸟，前面有一个长颈的兽头做流口，以回首顾盼的龙为鋬（pàn）手。构思巧妙，造型精美奇特，是西周晚期一件非常重要的青铜器。

局部效果图

目前最早、最完整的诉讼判决书

名　　称：㑷（zhèn）匜

用　　途：水器

出土地点：1975年陕西省宝鸡市岐山县董家村

馆藏地点：宝鸡青铜器博物院

僩匜记载了2800多年前的一份判决
是我国目前发现最早、最完整的诉讼判决书
有中国“青铜法典”的美誉

文物解密

匜是一种水器，与盘配套洗手时用
有四足，前端有流，后端有鋬，鋬一般为兽状
是古代贵族举行礼仪活动时浇水的一种器具

1975年，陕西省宝鸡市岐山县出土了一件西周僩匜
造型似四兽足羊，前端以兽头为流口

盖内和腹内的157字铭文
记述了一个叫牧牛的人状告他的上司
“法官”伯扬父了解具体事由后判定为诬告
要鞭打1000下，并在脸上刺字
牧牛贿赂了伯扬父后
处罚改为鞭打500下，罚铜300锊（lüè，古代重量单位）
牧牛立誓说：
“从今以后，我大小事不敢扰乱你”

牧牛的3次盟誓，说明盟誓在西周诉讼中十分重要
在量刑上有减制加刑规定
体现了西周司法制度已经相当完善
说明早在西周已经拥有系统、完整的诉讼制度
为研究西周法律和刑罚制度提供了真实可靠的实物资料

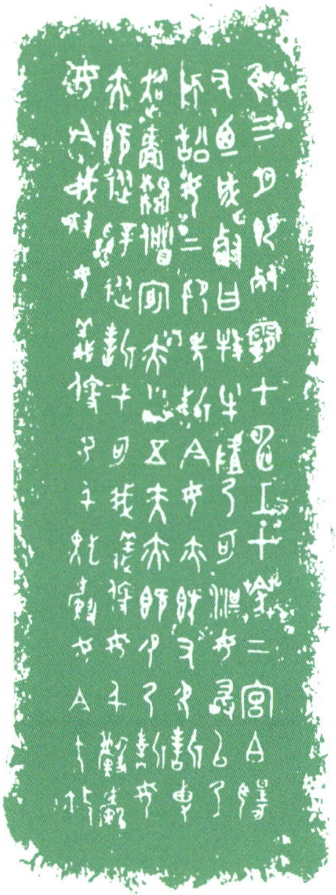

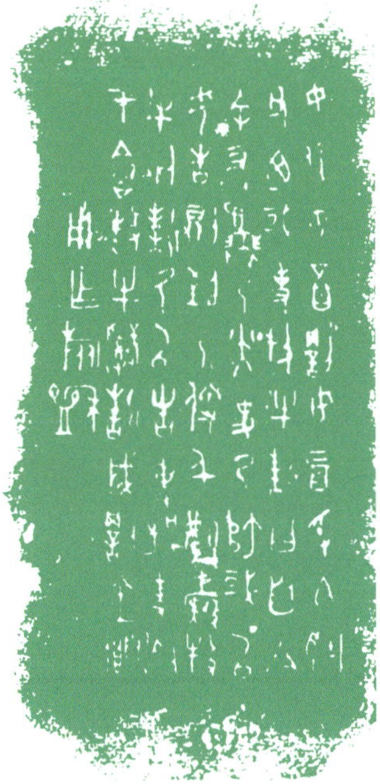

释文

器身

唯三月既死魄甲申，王在□上宫。伯扬父乃成劾曰：牧牛□乃苛堪汝敢以乃师讼。汝上代先誓，今汝亦既又御誓尃、□啬睦朕周亦兹五夫，亦既御乃誓，汝亦既从辞从誓□苛。我宜鞭汝千、□□汝。今我赦汝。宜鞭汝千□□汝，今大赦

器盖

汝鞭汝五百罚汝三百锊伯扬父乃又使牧牛誓曰：自今余敢扰乃小大事。乃师或以汝告则到乃鞭千□□。牧牛则誓□以告吏，吏□于会。牧牛辞誓成罚金。朕用作旅盉。

贵族联姻 巩固统治

名　　称：齐侯铜盂

用　　途：水器

出土地点：1957年河南省洛阳市中州渠

馆藏地点：洛阳博物馆

齐侯铜盂内壁有5行26字铭文

记述了齐侯为其二女儿做陪嫁器物的事情

文物解密

齐侯铜盂高43.50厘米，口径70.30厘米，重7.5千克，鼓腹圈足，有4个对称的衔环兽耳，以环带纹装饰，庄重大气。内壁有“齐侯作朕（媵）子仲姜宝盂，其眉寿万年，永保其身，子子孙孙永保用之”26字铭文，记述了齐侯为女儿仲姜做嫁妆的故事，为研究周王室与齐国之间的关系提供了重要的史料。

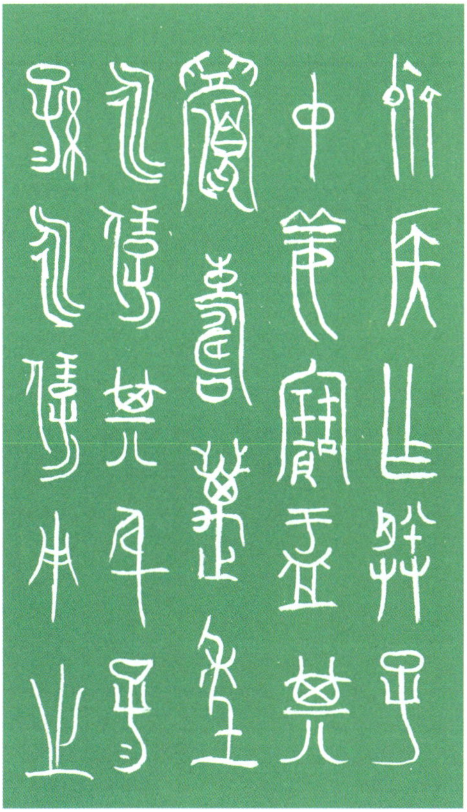

释文

齐侯作朕（媵）子仲姜宝盂，其眉寿万年，永保其身，子子孙孙永保用之。

西周·酒器

早在商朝，酿酒工艺就已经很发达

青铜制作技术的提升，使酒器种类齐全、做工精美

酒器可分为盛酒器、挹酒器、饮酒器、承酒器等

常见的酒器有尊、觥（gōng）、壶、彝（yí）、鉴、斛（hú）

觚（gū）、觯（zhì）、角、爵、杯

青铜酒器的种类

周朝的饮酒之风虽然没有商朝盛行，但各种酒器被沿用下来。当时规定：一升曰爵，二升曰觚，三升曰觯，四升曰角，五升曰散，六升曰壶。各种器具制作精美，独具匠心。

盛酒器

壶 商周时期的壶有扁壶、圆腹壶、瓠形壶、长颈圆体提梁壶等。

尊 大中型容酒器。按体形分为有肩大口尊、觚形尊和鸟兽形尊。

觥 盛酒器，多为动物状，头、背为盖，身为腹，四腿为足。

盉 调和酒浓度的酒器。《说文・皿部》记载：“盉，调味也。”

卣 盛放秬鬯的酒器。《尚书・洛诰》记载：“以秬鬯二卣。”器盖与器身多为神面纹，有双角，有筒形、椭圆形和方形等。

彝 青铜器中的礼器通称为“彝”。周时指一种有屋顶形盖青铜器。

斝 行裸礼（一种灌酒于地的祭祀活动）的酒器，也作温酒器。

罍 分圆形和方形两种。圈足敛口，广肩鼓腹，有两耳或四耳。

尊缶 缶为瓦器，用以盛酒浆。多为圆腹，也有方形。

爵 史料记载：“爵，礼器也。”盛放、斟倒和加热酒的容器。

挹酒器

勺 舀取酒浆的器具。

斗 大部分学者认为是舀酒之器，呈北斗星之形，有曲柄。

饮酒器

觚 是一种饮酒器，也是一种礼器，多为细颈状。

觯 饮酒杯。《礼记・礼器》记载：“尊者举觯。”有扁体和圆体。

角 《礼记・礼器》：“宗庙之祭，尊者举觯，卑者举角。”

杯 本做桮（bēi），多数为饮酒器，也作盛羹器、盛水器。

承酒器

禁 承放酒具的器座，有长方形有足的和长方形无足形两种。

神秘华丽 艺术珍品

名　　称：单（shàn）五父壶

用　　途：酒器

出土地点：2003年陕西省宝鸡市眉县杨家村

馆藏地点：宝鸡青铜器博物院

单五父壶是一种酒器，出土时一对
大小、形制、纹饰、铭文一致，造型大气，纹饰精美
堪称西周青铜器中的艺术精品

米　朵　老师，这个是什么呀？

讲　师　这是周朝人用过的一对酒壶，距今有2800多年了。

米　朵　这是在哪里发现的？

讲　师　是在陕西省宝鸡市眉县发现的。

米　朵　那它上面有文字吗？

讲　师　有。壶的肚子和盖子上都有文字，肚子里边有4行19个字，其中有两个重复的文字，盖子上有4行17个字。

米　朵　老师，那都是什么字呀？

讲　师　写的是“单五父作朕皇考尊壶，其万年子子孙孙永宝用”，盖子上少了子孙两个字。

米　朵　为什么有文字就非常珍贵呢？

讲　师　文字为我们研究那个时期的历史提供了重要的实物资料。

米　朵　这些壶上的动物是什么啊？

讲师

这些纹饰以龙为主，表现出变化多端的龙的形态。盖用环带纹进行装饰，两侧有龙首衔环耳，每耳自上而下由三条龙组成，腹部以突起的双向龙首为主，辅以数条身躯相交的龙纹。圈足上为变体龙纹。

米朵

哦，我看到了，有好多龙，太漂亮、太精美了！

讲师

对，古人用他们灵巧的双手和独特的想象力给我们留下了许多精美的器物。这对壶纹饰优美、铸工精湛，堪称青铜器中的精品之作。

释文

单五父作朕皇考尊壶，其万年子子孙孙永宝用。

掌王饮食 位次卿士

名　　称：梁其壶

用　　途：酒器

出土地点：1940年陕西省宝鸡市扶风县任家村窖藏

馆藏地点：陕西历史博物馆、美国亚洲艺术博物馆

梁其壶共有47字铭文，其中盖有8字，器身有39字
是梁其、伯先两人为他们的祖父所铸
与梁其壶一起出土的还有梁其钟、梁其鼎等

文物解密

1940年，陕西省扶风县任村村民在取土时发现了100余件青铜器
梁其壶出土时有两件
一件流失到美国，珍藏于美国旧金山亚洲艺术博物馆

梁其壶为长颈鼓腹的椭方形
以一只卧羊为钮，两侧有耳，为象鼻兽头状
整体造型庄重大气、线条形象、纹饰精美
3000多年前的铸造工艺，令后人惊叹

梁其、伯先当时任“膳夫”一职，负责周王日常饮食
为周朝贵族，地位显赫
梁其壶上有47字铭文：
“唯五月初吉壬申，梁其乍尊壶，用享孝于皇祖考
用祈多福，眉寿无疆，畯臣天子，其百子千孙，其万年无疆
其子子孙孙永宝”
这些铭文为了解西周历史提供了真实的实物资料

铭文局部效果图

兽耳衔环 大气威严

名　　称：兽面纹方壶

用　　途：酒器

出土地点：1940年陕西省宝鸡市扶风县任家村窖藏

馆藏地点：西安博物院

曾被当作油灯的酒壶

名　　称：牛尊

用　　途：酒器

出土地点：1967年陕西省宝鸡市岐山县

馆藏地点：陕西历史博物馆

牛尊是一件酒器，牛背上站着一只老虎
老虎虽然很小，但是能吃掉这头非常健壮的牛
时刻提醒人们“弱肉强食”，不仅实用，且有警示功能

米朵 你是用来做什么的啊？

牛尊 我是一件酒壶，只是做成了牛的样子。我背上的是一只小老虎，不是狮子哦。

米朵 我怎么有点看不明白呢？

牛尊 来，你看，我的尾巴是壶把，背上小老虎的脚下是壶盖，舌头是壶嘴，酒是从舌头处流出来的。

米朵 噢，原来是这样的。那为什么要做成牛的造型呢？

牛尊 因为我们是农耕民族重要的畜力，吃苦耐劳、负重能力强，是人们日常生活中不可缺少的伙伴，也是人们非常喜欢的创作题材。

米朵 噢，你背上的小老虎是做什么的？

牛尊 小老虎是这个酒器盖子上的把手，既实用，又有装饰效果。

米朵 我感觉你与老虎的比例不协调，老虎太小了。

牛尊 老虎虽然很小，但是能把健壮的牛吃掉。自然界的生存法则是“弱肉强食”，有警示教育的作用。我既是精美的艺术品，又是生活中的实用器，作为西周青铜艺术之精品，属于国家一级文物。

牛舌为流口

虎形盖钮

牛尾为手鋬

昂首翘尾 獠牙利齿

名　　称：虎尊

用　　途：酒器

出土地点：1993年湖北省荆州市江陵县江北农场

馆藏地点：荆州博物馆

肥硕憨萌 鼻孔为流

名　　称：象尊

用　　途：酒器

出土地点：1974年陕西省宝鸡市茹家庄

馆藏地点：宝鸡青铜器博物院

觥筹交错的“觥”原来是这样的

名　　称：日己（jǐ）觥（gōng）

用　　途：酒器

出土地点：1963年陕西省宝鸡市扶风县齐家村

馆藏地点：陕西历史博物馆

觥是古代的一种盛酒器，筹是一种行酒令

“觥筹交错”出自宋代欧阳修的《醉翁亭记》

“射者中，奕者胜，觥筹交错，起坐而喧哗者，众宾欢也”

意思是酒杯和酒筹交互错杂，形容大家热闹饮酒的场面

米朵 你长的像什么动物啊？

日己觥 我的双柱角是夔龙头，背部中间有一条小龙一直延伸到尾巴，龙两侧有长尾的凤鸟，龙的后边是一对立耳兽，尾巴上刻有并排的锁链状的纹饰，象征凤尾。

米朵 作为酒器，你是怎么倒酒的呢？

日己觥 我由盖子和器身组成，倒酒的时候把盖子打开，拿起器身，酒从前面的流口流出。

米朵 周朝的人是不是特别爱喝酒？

日己觥 开始的时候不允许喝，后来慢慢喝的人就多了。

米朵 为什么开始的时候不让喝？

日己觥 商纣王由于酒池肉林的生活导致了国家灭亡，周朝建立以后，总结商朝灭亡的教训，所以对于国人饮酒有严格的限制。

米朵 哦，我看到周朝的酒器都比较简单呀！

日己觥 湖北曾侯乙墓出土的酒器是最精美的，有冰酒的、舀酒的、过滤酒的、饮酒的，都非常漂亮。

释文

作文考日己宝尊宗彝其子子孙孙万年永宝用。

绞饰华美 邮票图案

名　　称：折觥

用　　途：酒器

出土地点：1976年陕西省宝鸡市扶风县

馆藏地点：周原博物院

折觥上有6行40字铭文

史料价值极高，纹饰种类多且精美

1982年，《折觥》成为最佳雕刻版邮票

米朵　你都入选邮票啦，太厉害了！你到底是什么动物啊？

折觥　我由盖子和器身两部分组成，盖子前面是个兽面造型，高鼻梁、大眼睛，头上有一对弯曲的角，中间的一条扉棱从头顶直接尾部。

米朵　你身上的花纹很漂亮呀！

折觥　我身上的纹饰主要分为三类，以夔龙纹、兽纹、云雷纹为主，还有大象、蛇等动物。

米朵　那后边的手把是什么动物？

折觥　后边尾部那个叫鋬，鋬的上面是龙角兽头，中部是鸷（zhì）鸟，下为垂卷的象鼻，两侧还有突出的象牙，不仅实用，而且从艺术效果来看非常美。

米朵　你身上的文字是什么意思呢？

折觥　公元前848年5月的一天，周昭王让作册（官名）折去代天子为相侯赠望土，赏赐给了折一些青铜和奴仆，折深为感念王的恩惠，做此觥以为纪念。

米朵　哦，你身上的“月”“王”这两个字我认识，而且还有三个“王”字。

折觥　呀，你太厉害了。

释文

唯五月，王在□，戊□命作册□觃□望土于相□，锡金锡臣，扬王休，唯王十又九祀，用作父乙，尊其永寶□。

折觥示意图

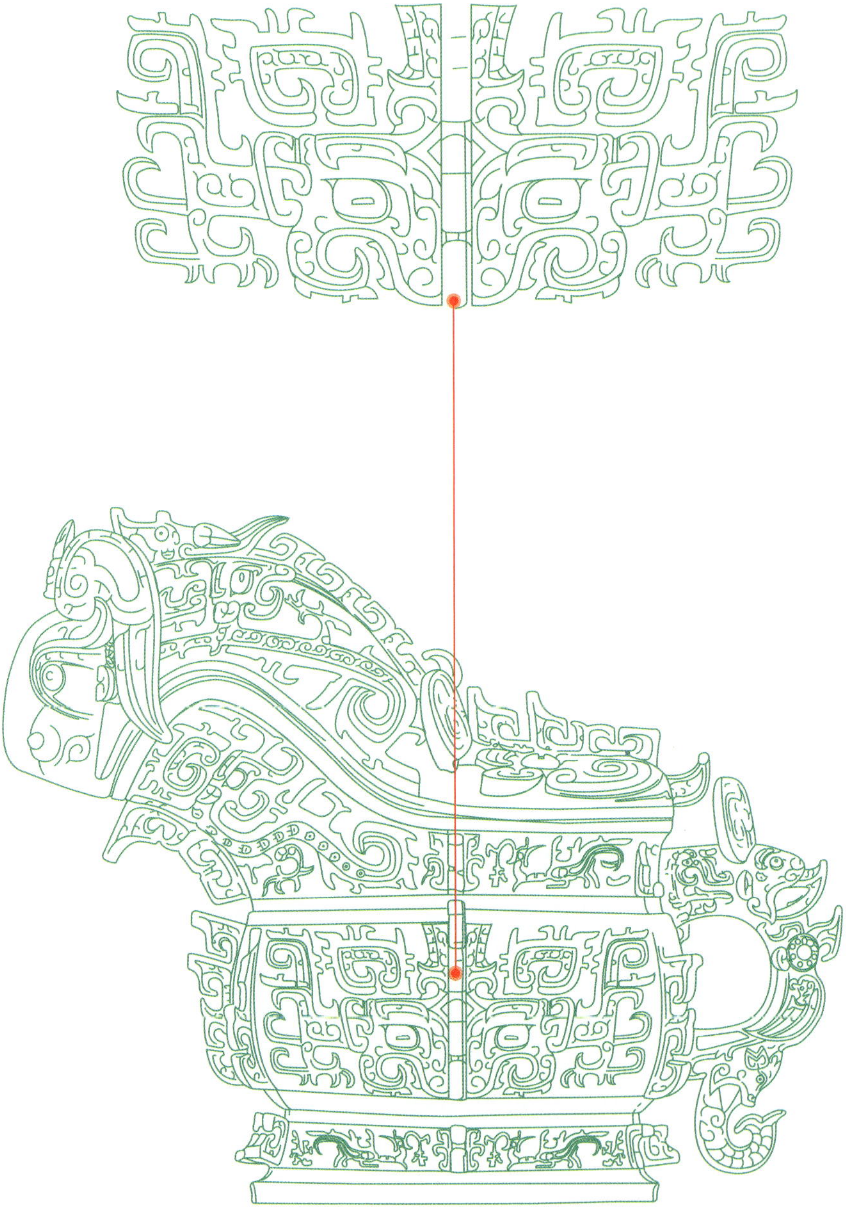

形似“簋”竟是“觥”

名　　称：长子口铜簋形觥
用　　途：酒器
出土地点：1997年河南省周口市鹿邑县太清宫镇
馆藏地点：河南博物院

“长子口”是人名，是周朝的贵族

其墓出土了54件随葬品，其中39件有铭文

米　朵　你到底是“簋”还是“觥”？

簋形觥　你看我像什么？

米　朵　你整体像“觥”，但你的肚子像“簋”。

簋形觥　对，所以专家给我起名叫“长子口铜簋形觥”。

米　朵　你爸爸怎么给你叫“长子口”的名字啊，太让人意外了。

簋形觥　我也不知道我爸爸是怎么想的。

米　朵　你自我介绍一下吧。

簋形觥　好的。我整体造型为圆形，圈足圆腹，盖首为昂起的龙头，后边是一个宽扁形的翘尾，盖中间有一个半圆形的提钮，腹部有半环形兽首鋬，下有长方形垂珥。这就是帅气的我。

米　朵　的确很帅气。

这件觥造型奇特、庄重大气、纹饰精美，上面的文字对于研究长氏家族与周王朝的关系，以及中原文化与其他文明之间的关系有重要的历史价值。

看，盖子上有一只小猴子

名　　称：凤流盉

用　　途：酒器

出土地点：2002年陕西省西安市长安区

馆藏地点：西安博物院

盉是一种调和酒或水的器具
凤流盉构思巧妙、制作精美，将凤凰、豹子、猴子集于一体
不仅是实用性的器具，而且具有很强的艺术性

局部效果图

我在这，
你朝哪看呢？

凤凰形状流口

豹形提梁

邦交的见证 独特的造型

名　　称：“匍”雁形铜盉

用　　途：酒器

出土地点：1988年河南省平顶山市

馆藏地点：河南博物院

“匍”雁形铜盉内壁有44字铭文
记述了一个叫“匍”的应国使者，前往“氐”拜访邢国的国君邢公
邢公派司史兕（mào）接见了他，并送给他一些礼物
匍用邢公赐给他的铜盉作为纪念

文物解密

“匍”雁形铜盉是西周的一种酒器，鸭形盉设计精巧，造型别致，极富想象力。以鸭为造型，鸭腹为器身，背部开口有盖，鸭嘴为流，腹下有柱状四足，鸭尾作鋬（用手提拿的部分），鋬上的小铜人将器身与器盖巧妙地连为一体。这是一件将生活与艺术完美结合的艺术精品，如此精巧的构思令人惊叹。

西周礼制规定，只有卿大夫一级的贵族才能使用鸭、鹅之类造型的器物。因此这件文物证实了《仪礼》中“下大夫相见以雁”的记载，也是了解西周诸侯国之间礼尚往来的实物资料。

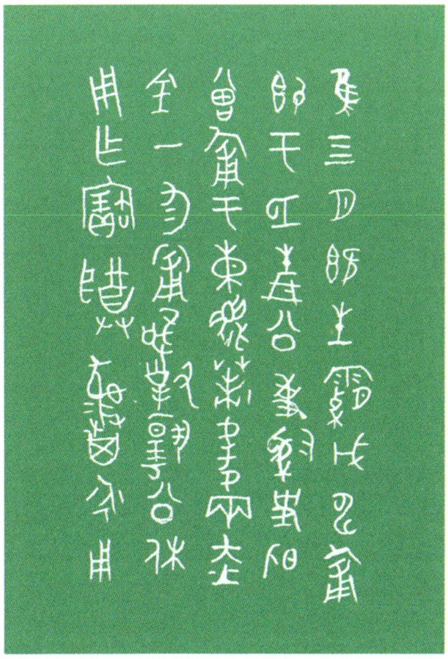

释文

唯四月既生霸戊申，匍即于氐。邢公使司史□赠匍于柬□贲、韦两、赤金一钧。匍敢对扬公休，用作宝□彝，其永用。

造型精美 青铜史料

名　　称：蟠龙纹铜盉

用　　途：酒器

出土地点：1990年河南省三门峡市虢国墓

馆藏地点：河南博物院

秬鬯一卣

名　　称：伯各卣

用　　途：酒器

出土地点：1980年陕西省宝鸡市竹园沟强国墓地

馆藏地点：宝鸡青铜器博物院

卣是古代的盛酒器
造型为圆形或椭圆形，圈足有盖，提梁深腹
铭文有“秬鬯（jù chàng）一卣”的记载
秬鬯是古代祭祀时用的一种香酒或甜酒

文物解密

麻于卣，2013年在湖北省随州市叶家山126号墓出土。器盖、器身各铸有“麻于肇(zhào)畜马、谷、赍（jī），用作父戊宝彝，庚册”15字铭文，意思是一个叫“麻于”的人因为养马受到奖赏，因此制作铜器祭祀父亲戊，“庚册”是麻于的族氏名。麻于卣现藏于湖北省博物馆。

麻于卣结构图

筒形直棱 精美奢华

名　　称：筒形直棱纹提梁卣

用　　途：酒器

出土地点：1980年陕西省宝鸡市竹园沟强国墓地

馆藏地点：宝鸡青铜器博物院

多齿冠凤鸟 华丽罕见

名　　称：凤鸟纹提梁卣

用　　途：酒器

出土地点：1980年陕西省宝鸡市竹园沟強国墓地

馆藏地点：宝鸡青铜器博物院

卣盛香酒 半门曰户

名　　称：户卣

用　　途：酒器

出土地点：2012年陕西省宝鸡市石鼓山

馆藏地点：宝鸡青铜器博物院

释文

户

屋顶形盖 圈足有棱

名　　称：户方彝

用　　途：酒器

出土地点：2012年陕西省宝鸡市石鼓山墓地

馆藏地点：宝鸡青铜器博物院

彝是一种酒器

因其上有“户”字铭文，因此被称为“户方彝”

文物解密

这件方彝为长方形，以兽面纹和夔龙纹为主进行装饰，四面正中有一只带角的圆雕兽首，威严生动。这是目前考古发现器型最大的方彝，为研究商周时期的青铜文化提供了重要的实物资料。

局部效果图

三足两柱　一侧有鋬

斝，是一种行祼礼（一种灌酒于地的祭祀活动）的酒器，大口圆腹，三空锥足，一侧有鋬或耳，上有两柱状。《礼记·礼器》中记载："尊者献以爵，卑者献以散。""散"指的是斝，斝常与其他礼器组合使用。

广肩鼓腹　圈足敛口

罍，《周礼·春官·鬯人》记载："凡祭祀社壝（wéi）用大罍。"罍是一种大型的酒器，也可用来盛水。分圆形和方形两种，圈足敛口，广肩鼓腹，有两耳或四耳。

三足两柱 前流后尾

名　　称：祖辛爵

用　　途：礼器

出土地点：陕西省西安市长安区斗门镇

馆藏地点：陕西历史博物馆

爵是中国古代的一种酒具

形状为圆腹，前有流，后有尾，上有两柱

旁有鋬，下有三足

青铜爵结构示意图

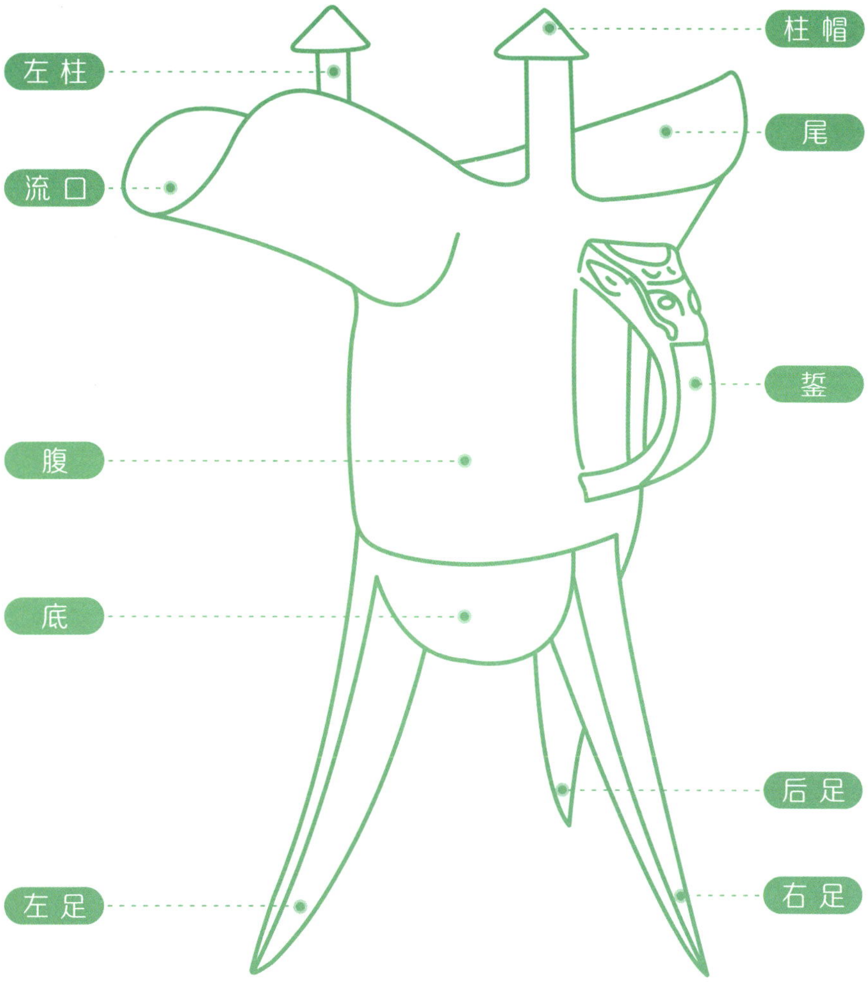

爵是祭祀时盛酒的礼器，盛酒以供神享用。相关的酒器还有角、觚、觯、觥等。

曲柄易握　精巧实用

名　　称：铜斗

用　　途：酒器

出土地点：1974年陕西省宝鸡市茹家庄

馆藏地点：宝鸡青铜器博物院

龙纹手柄 口似烟斗

名　　称：夔龙纹斗

用　　途：酒器

出土地点：陕西省宝鸡市扶风县

馆藏地点：宝鸡青铜器博物院

觚，乡饮酒之爵也

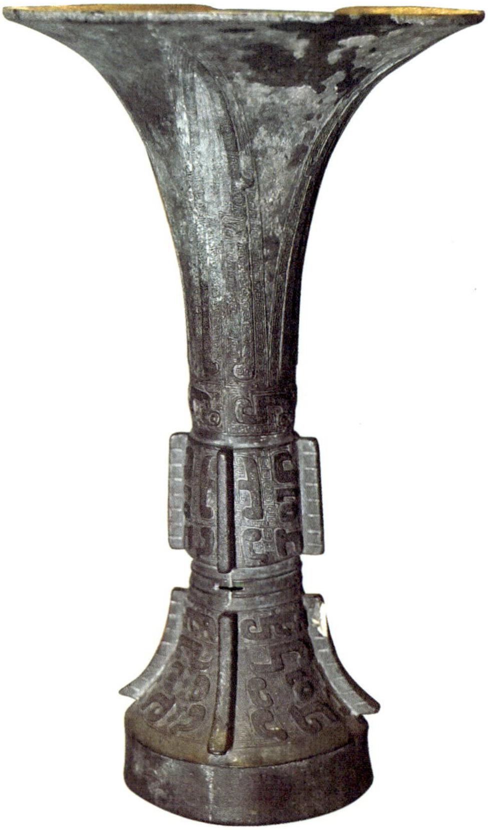

觚，《说文·角部》记载："觚，乡饮酒之爵也；觞受三升者谓之觚。"觚是一种器身细长、大口，圈足外撇的饮酒器，也是一种礼器。

尊者举觯 卑者举角

觯，《礼记·礼器》中记载："尊者举觯，卑者举角。"觯是一种饮酒器，有扁体和圆体两种，流行于西周早期。弦纹觯于1980年在长安区沣西出土，现藏于西安博物院。

一升曰爵 四升曰角

角，是一种饮酒器。史料记载："一升曰爵，二升曰觚，三升曰觯，四升曰角，五升曰散。"据此推断，角的容量是爵的4倍。西周的角大部分有盖，盖有动物造型，鋬多为动物造型。

吾翁即若翁 分我一杯羹

杯，也称作桮（bēi）。《礼记·玉藻》记载："母殁而杯圈不能饮焉，口泽之气存焉尔。"这里的杯指饮酒器。《史记·项羽本纪》记载："吾翁即若翁，必欲烹尔翁，则幸分我一杯羹。"这里的杯指盛羹器。《淮南子·齐俗训》记载："窥面于盘水则员，于杯则随，面形不变其故，有所员有所随者，所自窥之异也。"这里的杯指盛水器。双耳铜杯出土于陕西省西安市长安区张家坡窖藏，现藏于陕西历史博物馆。

禁，承尊之器也

禁，郑玄注：“禁，承尊之器也。”禁是一种放置酒具的座器，有长方形和方形，有足的称为“禁”，无足的称为“斯禁”。

夏、商由于嗜酒无度导致灭亡。为了限制饮酒，周朝颁布了中国最早的禁酒令《酒诰》，规定：王公诸侯只有祭祀时才可以饮酒，其他时间不许饮酒；民众聚饮也要受到严重的惩罚。

失蜡法成就的艺术之美

名　　称：曾侯乙尊盘（战国）

用　　途：酒器

出土地点：1978年湖北省随州市擂鼓墩曾侯乙墓

馆藏地点：湖北省博物馆

失蜡法是青铜器的一种铸造方法
可以铸造出更精细、更精美的青铜器
曾侯乙尊盘是失蜡法最具代表性的作品

文物解密

曾侯乙尊盘
由上边的尊和下面的盘两部分组成
是春秋战国时期最复杂、最精美的失蜡法青铜器

尊以28条蟠龙和32条蟠螭（pán chī）装饰
铜盘以56条蟠龙和48条蟠螭装饰
盘内底有“曾侯乙作持用终”7字铭文

失蜡法是一种生产工艺
用易熔化的蜂蜡、动物油等材料雕成所需器物
这就是“蜡模”

将耐高温泥浆淋到蜡模表面
反复多次后阴干
干燥后进行烘烤使蜡流出，形成空腔
这就是“失蜡”

将铜液注入空腔，冷却后，去掉泥范
得到与蜡模相同的器物
这就是“失蜡法”

西周·乐器

为了巩固统治，规范社会秩序

周公旦将以前的礼乐进行整理、完善，制定了礼乐制度

“礼”是等级制度的政治准则、道德规范和各项制度的总称

“乐”是配合各贵族进行礼仪活动而制作的舞乐

在祭祀、宴飨（xiǎng）等仪礼活动中

按级别享有相应等级舞乐规模，不得僭（jiàn）越，违反必惩

青铜乐器的种类

古代乐器按照制作材料分为金、石、竹、丝、木、匏、土、革八类，称为“八音”。“八音”中的“金”指的是青铜乐器，包含钟、铃、镈（bó）、铙(náo)等。从出土青铜乐器可知，当时已经拥有了完善的音乐体系，也是研究夏商周时期音乐文化的重要资料。湖北随州曾侯乙墓出土的整套编钟最齐全、最精美、最震撼。

钟　打击乐器，由多个音律不一的编钟组成，用于宴飨和祭祀。

磬　用玉或石制的打击乐器，按照一定规律悬挂于木架之上用小木槌敲打奏乐。

铙　打击乐器，又称为钲或执钟。退军时用来指示停止击鼓，不仅用于军旅，还在祭祀和宴飨中与其他乐器配合使用。

镈　单个大型打击乐器，在宴飨和祭祀时，常与编钟、编磬配合使用。

錞于　打击乐器，在战争中与鼓配合使用指挥军队进退。

钲　形似铙的打击乐器，在行军过程中敲击使士兵肃静。

铎　打击乐器，形似铙，宣布政教法令时用，也用于军旅和田猎。

钩鑃　手持式的打击乐器，宴飨时使用。春秋晚期至战国时期流行于长江下游，吴越地区。

铃　形似钟、体小的乐器，腔内有铜舌，摇之发声，声音响亮清脆。

鼓　商周时期，鼓大部分是木制的，战争中，常用于指挥军队进退，也常用于宴会中。

千年礼乐 钟鸣鼎食

名　　称：师丞钟

用　　途：乐器

出土地点：1974年陕西省宝鸡市扶风县

馆藏地点：陕西历史博物馆

编钟是古代的一种大型打击乐器

兴起于周朝，兴盛于春秋战国时期

按照大小音律悬挂在钟架上，用木槌敲击可演奏出动听的音乐

文物解密

师丞钟是目前发现最大的一件青铜特钟

1974年，在陕西省宝鸡市扶风县黄堆镇强家村出土

上面的48字铭文

记载了师丞做此钟感念先祖，祈求长寿幸福的史实

编钟上的5个音分别是

宫、商、角、徵(zhǐ)、羽

依次相当于现代音阶中的1(Do)、2(Re)、3(Mi)、5(So)、6(La)

唐代的王勃在《滕王阁序》中描写道

“闾阎(lǘ yán)扑地，钟鸣鼎食之家”

在古代，编钟是一种常用的乐器，也是等级和权力的象征

1957年，河南省信阳市古城遗址出土了一套13枚编钟

这套编钟演奏的东方红乐曲

随着我国第一颗人造卫星升上太空而传遍祖国大地

1978年，在湖北省随县的曾侯乙墓出土了65件大型编钟

这是迄今为止发现的保存最好、数量最多、音律最全的一套编钟

代表了中国古代青铜铸造的最高工艺水平

为研究古代礼乐文明提供了丰富健全的实物资料

现为湖北省博物馆的“镇馆之宝”

释文

师丞肁乍□剌且虢季□公幽叔，□皇考德□大□钟，用喜□□文人，用□□□永令，用□眉寿无疆，师丞其万年永宝用亯（享）。

史料知库

“钟鸣鼎食”是指古代豪门贵族吃饭时要奏乐击钟，用鼎盛着各种珍贵食物，形容生活的奢侈。

编钟结构示意图

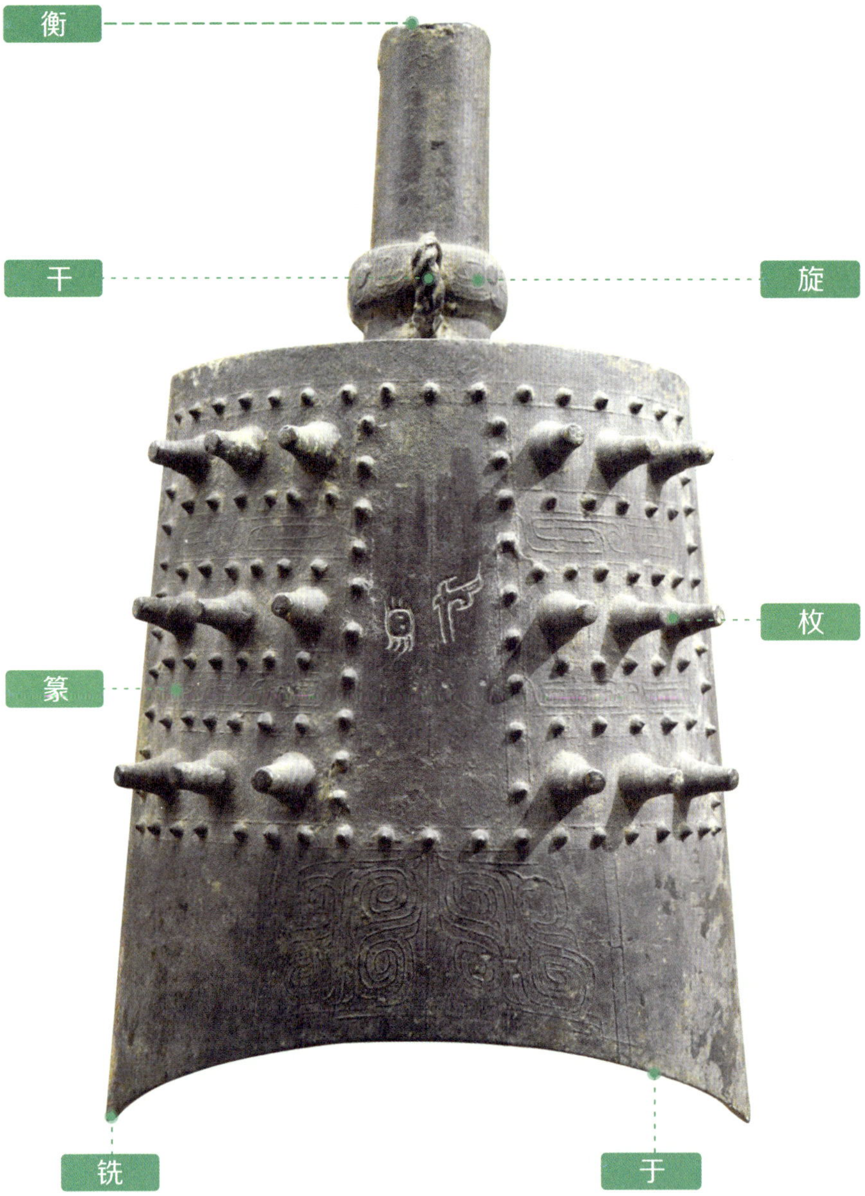

玉石以制 其形如矩

名　　称：编磬（qìng）

用　　途：乐器

出土地点：1974年陕西省宝鸡市扶风县

馆藏地点：陕西考古博物馆

编磬是古代打击乐器之一
按组悬挂于木架之上，用小木槌按律敲击演奏

文物解密

“磬：乐器也；以玉或石为之，其形如矩”
王国维先生指出：
“钟磬独以嘉至名者，以其为庙乐之首也”
编磬在祭祀中的地位日益凸显
随后成为统治者身份和地位的象征
备受帝王钟爱

1978年
在湖北省随州市战国时期曾侯乙墓发现了一组大型编磬
由41枚磬片组成，分上下两层悬挂
上层下层各挂16枚，还有9枚备用
声音浑厚、优美动听
编磬与编钟按律同时演奏
有“近之则钟声洪亮，远之则磬音清脆”之美

与编磬为组合的编钟

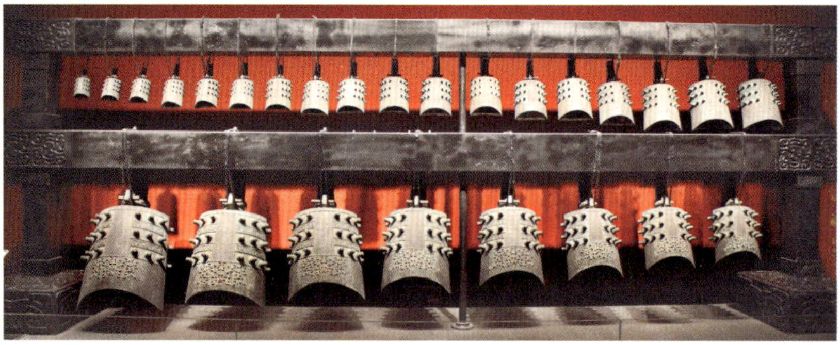

以金铙止鼓

铙，《周礼·地官·鼓人》中记载：“以金铙止鼓。”说明铙是退军时指示停止击鼓之用。除了在军中使用以外，还用于祭祀和宴饮中。铙口部呈凹弧形，底部有一空短柄，可插置，方便敲击。

声音洪亮 造型精美

镈，是一种大型单个打击乐器，常与编钟、编磬配合用于宴飨和祭祀活动中，流行于春秋战国时期。

两军相当 鼓錞相望

錞于，《周礼·地官·鼓人》："以金錞和鼓。"錞于常与鼓配合，用于在战争中指挥进退。在祭祀中，常与鼓、钲、铎配合使用。錞于形如碓（duì，舂米用具）头，上大下小，顶部的钮多作虎形，因此又称"虎钮錞于"。

口部朝上 以槌敲击

钲，是一种形似铙的打击乐器，使用时，手执长柄，口部朝上，以物击之则鸣，常用于军中。

铎，大铃也

铎，是一种打击形军阵乐器。《周礼·夏官·大司马》中记载："群司马振铎，车徒皆作。"由此可知，铎用于军旅和田猎。除此之外，还用于政教法令的宣布。

形如大铃 倒插敲击

钩鑃，是一种形似铎铃的打击乐器，常用于祭祀和宴乐。长江中下游吴越地区出土较多。形制似铙稍长，有浅凹弧口，顶部有一长柄，便于敲击。

腔内有舌 摇之则鸣

铃，是一种青铜乐器，有车铃、执铃等。《周礼·春官·巾车》中记载："大祭祀，鸣铃以应鸡人。"这种祭祀的执铃在山西省石楼出土了一件，长柄深腹，腔窄而圆，腔外及长柄上有多个金舌。

以和军旅 以正田役

兽面纹铜鼓，是一件商代至西周早期的铜鼓。纹饰严整精美，历经千年声音依然清脆响亮，是研究奴隶制社会礼乐制度的珍贵史料，有绝世珍品之美誉。鼓常用于军队和宴会中。《周礼·地官·鼓人》中记载：“掌教六鼓四金之音声，以节声乐，以和军旅，以正田役。”商周时期的鼓大部分为木质，考古发现比较有名的铜鼓是兽面纹鼓和双鸟怪神纹鼓。

西周·兵器

兵器是军队中必不可少的装备，也是取得战争的关键

商周时期，奴隶主们用珍贵的青铜铸造了大量的兵器

虽然被战争大量消耗

但在考古发掘过程中仍发现了很多

青铜兵器的种类

兵器按用途可以分为两类，一类是攻击型兵器，这类兵器又可分为长兵器：戈、矛、戟、铍（pī）、殳（shū）、斧、钺（yuè）；短兵器：刀、剑、匕首；远射兵器：弓、镞。一类是防御类兵器，器形有胄、甲。

长兵器

戈 最常见的钩杀兵器，由戈头、柲（bì）、柲冒和鐏（zūn，戈柄下端的圆锥形金属套）组成。

矛 一种安装在长柄上的刺杀性兵器。郑玄《笺》记载“矛长二丈”，目前发现的矛长2.8米。

戟 一种戈的柲顶部有矛形的兵器，可刺杀，又可勾喙的双重兵器。

铍 一种顶端似剑带有长柄的兵器。

殳 一种没有锋刃呈三棱形矛状的兵器。

钺 一种形似斧子，具有征伐权力性质的兵器。

短兵器

刀 一种单面长刃的砍杀类兵器。

剑 一种可斩、可刺的兵器，随身佩带用以防身自卫。

匕首 一种近身杀伤性兵器，可持用，可投掷。

远射兵器

弩 一种射程远且杀伤力强的武器，有独特的望山（瞄准器）。

矢镞 箭的前端部分，安装在箭杆上，用弓、弩可以远射的兵器。

防护兵器

胄 一种作战时用于保护头部的装具，呈帽形。

甲 一种防护性兵器，分为人甲和马甲，以防护人、马的身体。

击刺钩杀 性能优越

戈，是冷兵器时代最常见的击刺和钩杀性兵器。《考工记·治氏》中记载："戈广二寸，内倍之、胡三之、援四之。"明确记载了戈头各部分的比例。援是戈的长条形锋刃部分，内是连接援的插入戈柲的部分，胡是靠近柲的延长部分，其上有穿，以皮索固于柲之上。

修我戈矛 与子同仇

名　　称：青铜矛
用　　途：兵器
馆藏地点：西安博物院

青铜矛结构示意图

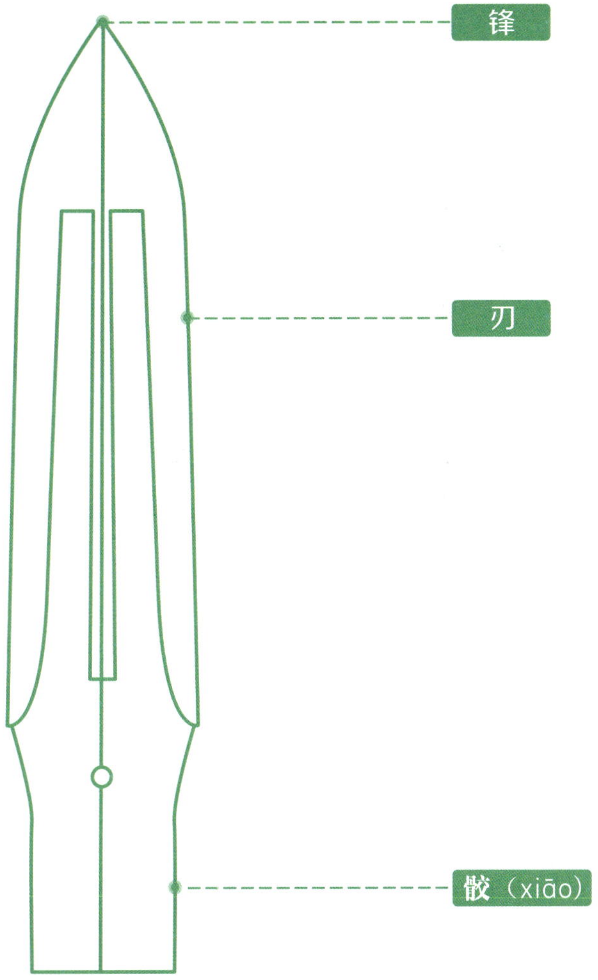

《诗经·秦风·无衣》中记载："修我戈矛，与子同仇。"矛由锋刃和骹组成，锋分为前锋和两翼，有血槽。矛柲有用整条藤制的，也有用积竹制成的，外缠缚以紧固之，然后涂漆，这样既有弹性又不易折断。

啊，竟做成人头状戟

名　　称：人头形銎（qióng）青铜戟

用　　途：武器

出土地点：1972年甘肃省平凉市灵台白草坡二号墓

馆藏地点：甘肃省博物馆

“鬼方”是生活在甘肃地区、有雅利安人血统的游牧民族
经常与周王朝发生战争
这件人头形銎青铜戟是反映“鬼方”民族的实物

米　朵　你是我看过最个性的一件戟，人头怒目，还有三个小锯齿，锯齿上有牛头的造型。为什么要做成这种样子？

青铜戟　商周时期盛行用战俘献神祭祖，还喜欢用战俘的形象装饰兵器炫耀战功、鼓舞士气，主人把我做成这样可能是为了炫耀战功。

米　朵　这种形象是什么人啊？

青铜戟　这有可能是“鬼方”民族的人。他们披着头发，深目高鼻，嘴巴突出，胡须长而弯曲。

米　朵　那你的主人是谁啊？

青铜戟　据推断，我的主人叫“伯”，他和潶伯在周康王时期被分封到这里镇抚殷商移民及其他小国。

米　朵　好的，我明白啦，谢谢你。

史料知库

《说文》中记载：“戟，有枝兵也。”戟是一种分枝状兵器，是一种戈的柲顶有矛形装置的兵器，也有少数是戈和矛的合体，既有直刃又有横刃，既可以刺杀又可以勾啄，具有钩、啄、刺、割等多种用途。出现于商、周，盛行于战国，汉晋时期也常用于战争。

伯也执殳 为王前驱

殳，是一种礼仪性的兵器。《诗经·卫风·伯兮》中记载：“伯也执殳，为王前驱。”殳是仪仗队或军队行进时的前导，是权力的象征。

形制似斧 砍劈为主

钺，是一种形制似斧，以砍劈为主的兵器，具有征伐性质。史料记载，周武王伐商在牧野誓师时“王左杖黄钺，右秉白旄以麾（huī，古代指挥军队用的旗子）”。这件钺2007年出土于陕西省韩城市梁代村，现藏于陕西考古博物馆。

远射利器 历史悠久

名　　称：青铜箭镞

用　　途：兵器

馆藏地点：民间收藏（西安）

青铜箭镞结构示意图

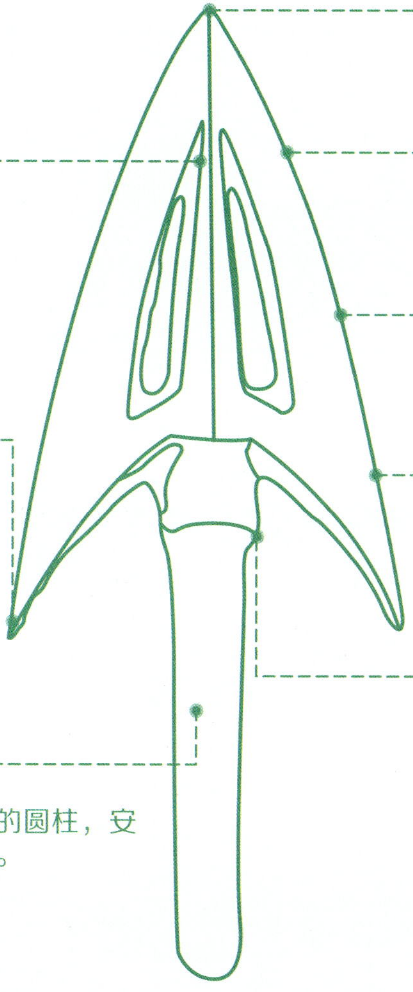

铤，关后端的圆柱，安装木质箭杆。

青铜箭镞，最早出现在二里头文化遗址中。矢镞是箭的前端部分，由锋、两翼、脊和铤组成。镞安装在箭杆上，箭杆后端有羽毛，可以防止箭随意摆动，使射击更精准。陕西省西安市出土了带铤的双翼箭镞，其中有的双翼为镂空状。

防护装具 保护身体

名　　称：甲

用　　途：防护

出土地点：1999年陕西省宝鸡市扶风县

馆藏地点：宝鸡青铜器博物院

西周·车马器

马车是古人出行的重要交通工具

也是贵族身份的一种体现

周朝的马车有战争用的兵车、日常出行用的乘车和田猎用的田车

青铜车马器的种类

《周礼·冬官·考工记》中记载："一器而工聚焉者，车为多。"车马上的构件是复原车马最初结构的重要资料。

当卢 马额上的装饰构件，多呈"Y"字形，背面有穿带的衡钮。

兽冠 马头上的装饰器具，为兽面造型，边缘有孔，方便穿系固定。

节约 连接和装饰马络（luò）头、辔（pèi）带的构件，有"十"字形、"T"形、"H"形、"X"形、轮形等多种形状。

铜泡 与节约的功能一样，呈球面形，背面有衡钮。

銮铃 马车上的"铃铛"，插在车衡和马轭上的部件。《韩诗内传》中记载："銮在衡，升车则马动，马动则銮鸣。"

衔 横勒在马口中的器具，由两节组成，两端与镳相接。

镳 御手控马的器具，在马口角的两颊（jiá）上，用绳索进行连接。

轭饰 夹于马脖子上方便拉车的器具，呈"人"字形，一首两脚。

辕饰 车辕上的装饰器具，既保护了木质的辕头，又有装饰效果。

辖軎 成对出现。軎呈长筒形，一端粗一端细，粗端套接在车轴上，以加固车轴。辖是一种长方形的销子，顶部一般以兽头装饰，插入轴末端的孔里，防止车轮脱出。

弓形器 一种长条形器身，两端带弧形臂，多为青铜质地的实用器具。

马额饰件 尽显奢华

当卢，是马额上的一种装饰。置于马额头中央偏上的位置，背面有穿带的衡钮，有兽面形，也有长方形等多种造型。现藏于周原博物院。

兽面马冠 威猛可爱

马冠，是马额上的一种装饰。以兽面装饰，边缘有穿孔，方便穿系，西周早期较为流行。兽面铜冠以鼻梁为中轴线，左右对称，头顶有一对大耳，双目圆睁，鼻梁突起，下方有一对尖尖的虎牙，威猛可爱。1980年在陕西省宝鸡渭滨区竹园沟墓地出土，现藏于宝鸡青铜器博物院。

“节约”原来最早指马具

节约，是用来连接和装饰马络头、辔带的构件，呈“H”形、“T”形、“X”形、轮形等形状，为额带、鼻带、颊带、项带和咽带的连接点。现藏于西安博物院。

宝石镶嵌 华丽奢华

铜泡，是用来连接和装饰马络头、辔带的构件。周原贺家车马坑中出土的镶嵌绿松石铜泡是我国最早的青铜镶嵌工艺的见证。绿松石属优质玉材，将绿松石镶嵌在器物的表面，体现了一种工艺美，其效果不逊于“金镶玉”，在中国工艺美术史上占有主要地位。现藏于陕西考古博物馆。

安装于衡 马动则鸣

名　　称：銮铃

用　　途：发声、警示

出土地点：1967年西安市征集

馆藏地点：西安博物院

銮铃是古代马车上的一种构件
内侧有圆球，行驶过程中会发出清脆的铃声
相当于现在车上的喇叭，起警示作用

文物解密

銮铃由上下两部分组成，下部分为方形基座，用来安装在车轭上或者车衡上；上部分为铃主体，正面设置了许多小孔，背面为封闭式的，里面有小圆球，车辆行驶的时候，圆球与外边的部分撞击发出清脆的铃声，使声音向前扩散，起警示、提醒、避让的作用。《诗经》中描写道“四牡彭彭，八鸾锵锵”，意思是4匹马奔跑时，8个銮铃就会发出清脆的金石之声。

銮铃流行于西周至战国时期，是主人身份的象征。最高级别的马车上安装8个銮铃，帝王所乘的车被称为“銮驾”或“銮仪”。

结构示意图

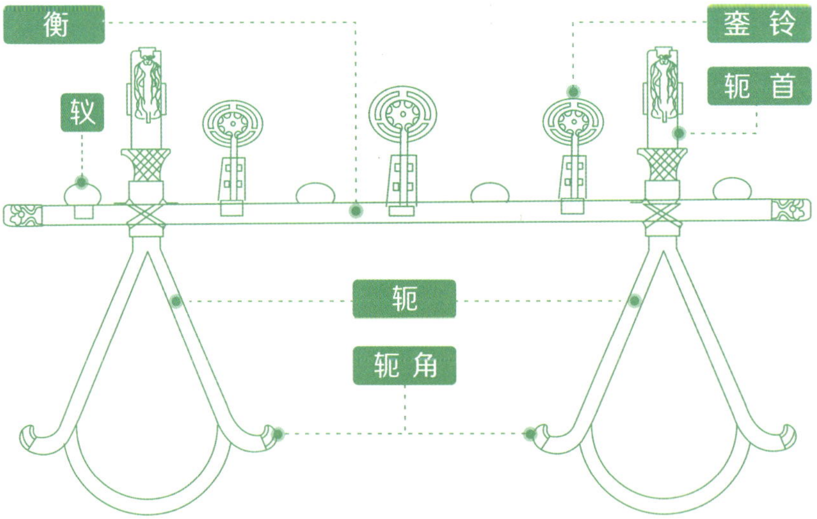

横在马口 方便驾驭

衔，横勒在马口中，由两节组成，两端与镳相接，以控制马的行走和停止。现藏于宝鸡青铜器博物院。

与衔相连 方便控马

镳，是指马口中的衔露出嘴外的部分。以绳索相系，方便御手控马，有圆形、方形和长条形等。这件镳现藏于西安博物院。

人字车轭 远超西方

轭，是一种套夹在马脖子上方便拉车的器具。多木质，呈“人”字形，一首两脚，轭下敞开，以便马拉车时呼吸顺畅。这件轭2014年在陕西省宝鸡市周原遗址贺家车马坑出土，现藏于陕西考古博物馆。

兽面辕饰 精美奢华

辕饰，是一件车饰，呈圆形，以动物纹装饰，左右对称。这件镶嵌绿松石的辕饰2014年在陕西省宝鸡市周原遗址贺家车马坑出土，现藏于陕西考古博物馆。

热情好客 投辖留宾

名　　称：人形铜车辖

用　　途：车辆构件

馆藏地点：河南博物院

辖，古代马车上的配件之一

车轴外侧套一个管状的軎

再把辖从上面插下去固定车轮，确保行驶安全

文物解密

古代的马车会在车轴外边套一个管状的軎，再把辖从上面插下去，起到管制、固定的作用，保证车在行驶过程中的安全。管辖最初指的是马车上的配件，后引申为管理、统辖，这便是“管辖”一词的由来。

《汉书·陈遵传》中记载：“遵耆酒，每大饮，宾客满堂，辄关门，取客车辖投井中，虽有急，终不得去。”意思是陈遵好饮酒，常在宾客满堂时关上门，把客人车上的辖取下投入井中，使车不能行，客不得去，这便是“陈遵投辖”这个成语的由来。形容主人热情好客、执意留宾，就像现在为了把朋友留下来，将他的车钥匙藏起来一样。

骆宾王在《帝京篇》写道：“陆贾分金将晏喜，陈遵投辖正留宾。”

车辖与軎示意图

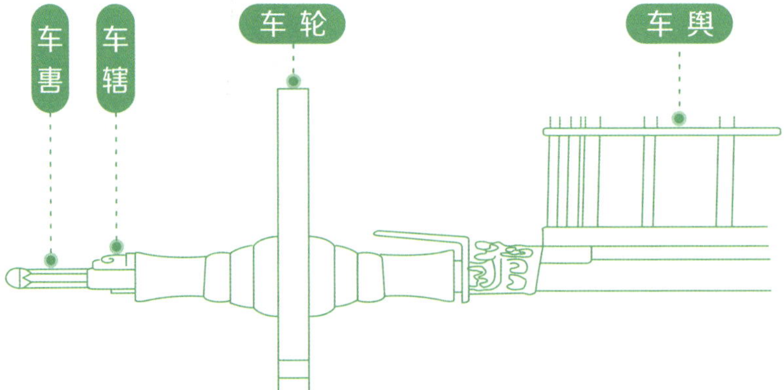

臂端有铃 内含弹丸

弓形器，是一种两端带弧形臂长的条形器具，呈弓形。器壁内凹，脊部隆起，中心有圆突，曲臂两端有镂空含弹丸的小铃。有学者认为，将其横缚在驾车者腰间，马缰绳套于其中，以便双手使用弓弩等武器。

豪车配饰 灵动精美

名　　称：鸟形车饰

用　　途：车饰构件

馆藏地点：西安博物院

青铜器·纹饰

青铜器上的纹饰最早出现在二里头文化时期

动物形象是当时主要的纹饰

之后逐渐形成了

龙纹类、凤鸟类、兽面体纹类、动物纹类、几何纹类、人物类等

精美的青铜器纹饰

是人与自然抗争与融合的具体表现

是古代人民智慧的结晶，寄托了古人美好的祈愿

龙纹类

龙纹，包括夔龙纹和夔纹。纹饰大部分以鼻梁为中线，眼睛、体躯向两侧延伸。也有在一区域整体展示龙侧面形象的。按照图案结构可分为卷体龙纹、交体龙纹、爬行龙纹、两头龙纹和双体龙纹等。

龙是古代神话传说中可以带来祥瑞的神异动物，被称为“百鳞之长”，是中华民族最具代表性的文化图腾之一。龙纹被广泛用于青铜器、玉器、刺绣等器物装饰上。历代龙的形象为长躯、突眼、长须、四爪、大鳞状，但具体形象各不相同。这种特点成为考古及专家学者断代的依据之一。

凤鸟纹类

凤鸟纹，是青铜器上常用的装饰纹饰之一，包括凤鸟和各种鸟属图案。有长尾、垂尾和分尾之分，分长冠、多齿冠和花冠三种。按照构图形象，凤鸟纹可分为长喙鸟纹、鸾鸟纹、鸱枭纹和雁纹等。

凤是神话传说中的吉祥之鸟，有“百鸟之王”之美誉。凤鸟纹寄托了当时人们的美好愿望。秦汉时期，除了凤凰的形象之外，还有朱雀、鸾鸟、赤鸟等各种神鸟。

兽面纹类

兽面纹，最初称为饕餮纹，在约5000年前良渚文化的玉器上就有。《吕氏春秋·先识览》中记载：“周鼎著饕餮，有兽无身，食人未咽，害及其身，以言报更也。”

兽面纹以鼻梁为中线，两侧对称排列，上端是角，角下有目，有的目上有眉，有的目的两侧有耳，大部分兽面纹有曲张的爪，两侧有左右展开的体躯或兽尾。兽面纹反映了古人们对自然的崇拜，纹饰庄严、肃穆而神秘。

动物纹类

动物纹，是指日常饲养的动物或野生动物的侧面和全躯形象，正面形象则属于兽面纹，包含牛纹、象纹、虎纹、蛇纹、鹿纹、鱼纹、龟纹等。

象纹中的象形象比较明显，头部有一个向上或向下的长鼻，身体巨大。象纹除了做纹饰之外，还有以象整体形象做的酒器象尊。

兽体变形纹类

兽体变形纹，不是某一动物的整体形象，而是某一局部的整体变化，有兽体变形纹、兽目交连纹、鸟兽合体纹、波曲纹、鱼翅纹、蕉叶纹等。

波曲纹又称环带纹，在宽阔的带状躯体上大幅度弯曲，波峰中有鸟纹、龙纹、几何纹及各种动物纹。是食器、酒器等青铜器重要的装饰纹饰之一。

几何纹类

几何纹，是几何图案按照一定规律组成的纹饰。最早出现在原始社会的彩陶上，有单独出现的，也有作为复杂花纹的衬托和点缀出现的。青铜器上的几何纹有钩连雷纹、曲折雷纹、云雷纹、三角雷纹、菱形雷纹、连珠纹、直条纹、横条纹、斜条纹、百乳雷纹等。

曲折雷纹是西周早期青铜器上常用的纹饰之一，呈向上向下曲折状，粗细相间分布。

人物类

人物画像，是以写实的手法展现贵族日常宴饮、狩猎、弋射及征战等场景。在青铜器上这类纹饰出现的较晚，通常以流畅的线条描绘各种生活场景。

在宴饮画像当中，一个高台的中间，宾主飨饮酬酢，佣仆奉酒献豆，或有列鼎陈设，周围有鼓钟、击磬、击鼓、奏瑟和歌舞等场面。

其他纹饰

除此之外，青铜器的纹饰还有火纹、贝纹、陶纹、绳纹及各种人物画像。火纹又称为涡纹或圆涡纹，最早出现在新石器时代的纺轮上，象征着太阳，呈圆形，边沿有4～8道旋转的弧线，表示流动的火焰，是鼎、簋常用的纹饰之一。有单独使用的，也有与龙纹、雷纹等纹饰配合使用的。

青铜器·铭文

铭文又称金文，指铸在青铜器物上的文字
是继甲骨文之后一种古老的文字
在商周时期就已经发展成熟，形成了独特的书法艺术

最初，铭文仅起标记作用
字数很少，少则一两个，多则五六个
西周时期，青铜器铭文飞速发展，形式多样，内容丰富
包含有册命、赏赐、宴飨、田猎、征战、契约及诉讼等
涉及政治、经济、军事、仪礼等多个方面
这些铭文具有证实历史、补充历史的作用，历史价值极高

《礼记·祭统》中记载：
“夫鼎有铭，铭者自名也。自名以称扬其先祖之美，而明著之后世者也”
铸铭的目的在于彰显奴隶主贵族的权威和加强宗法礼制

春秋战国时期，礼崩乐坏，铸铭原有的功能逐渐丧失
加上竹简书帛的出现
铭文便仅用于“物勒工名，以考其诚”的责任监管中

青铜器上的铭文按性质可分为
徽记类、记事类、册命类、训诰类、约剂类、律令类、追孝类、
祭辞类、乐律类、质量监督类和诏令符节类等

册命类铭文

卫簋铭文

惟八月初吉丁亥，	时　间
王客于康宫，	地　点
荣伯右卫内入，即位。	受命者
王曾命卫，锡赤市、攸勒。	册命词
卫敢对扬天子丕显休，	称扬词
用作朕文祖考宝鐏簋，	做　器
卫其子子孙孙永宝用。	祝愿词

册命制度创立于西周初期，逐渐形成了一套固定的标准格式，包括时间、地点、受命者、册命词、称扬词、做器及祝愿词。西周后期还增加了王位、授册、宣命、纳瑾璋等内容，命词里还增加了命官、赏赐和勉励内容。

后 记

《在博物馆里富养孩子》系列丛书终于要在2023年春节前后与读者见面了。这套丛书包括《周礼天下》《秦皇帝国》《大汉雄风》《盛唐气度》四册。八年前筹划、调研之后，我们着手开始创作编写，历时四年零六个月。去博物馆是一个富养孩子的好路径，博物馆里多元的文化力量和丰富的历史内涵可以让孩子们在博物馆里得到精神上的富养。

西安，一座历史厚重的千年文化古都。每年有数百万游客慕名而来，参观名胜古迹、品尝美食、了解风土民情…… 然而，旅行时间紧，景点人多，参观体验不全面、不系统，收获甚微。

2014年，我们团队就开始筹划，怎么才能让大家，尤其是孩子们来西安有古迹看、有故事听、有美食吃、有文化读，让西安不只是曾经去过而已。

经过长时间的调研了解，2018年暑假结束后我们开始这套书的创作。因为文物是对历史“最真实、最直接、最客观”的反映，有“补充历史、证实历史、纠正历史”的功能，而且几乎没有受到其他因素的干扰和影响，能够真实、准确地再现历史，所以我们决定以周、秦、汉、唐时期的文物来讲述陕西这块土地上厚重灿烂的中华文明。

在编撰过程中，我们注重专业知识的丰富、扩展和深化，多次进行实地调研，力争搜集更多的第一手资料。秦朝的历史文化不仅有举世闻名的兵马俑，还有湖北云梦和湖南里耶出土的秦简，这三处大发现给世人全面地再现了那段波澜壮阔的大秦史实。当我们得知湖南里耶秦简的发掘者张春龙老师将在长沙博物馆有一场关于秦简的专题报告时，当即赶赴长沙，聆听讲座。当时，长沙博物馆正在举办“从里耶到长沙”主题展，讲座和展览使我们收获颇丰。参观完湖南博物院和长沙简牍博物馆的第二天，我们直接赶往秦简发现地——湖南湘西里耶。在此感谢里耶秦简博物馆馆长周东征先生及高级讲解向玉梅女士的热情接待和详细介绍。为了系统全面地讲述周、秦、汉、唐四个时期的历史，我们先后多次到中国国家博物馆、首都博物馆、河北博物院、中国文字博物馆、河南博物院、洛阳博物馆、湖北省博物馆、云梦祥山博物馆等19家博物馆，以及陕西省内的12家博物馆与相关遗址实地参观考察。

经过多次修改、完善，此书最终以“文物解密”“名人访谈”“与文物对话”“旅行日记”“最牛点评”“精彩互动”等图文并茂的趣味方式解读文物、讲述历史。愿这套带着淡淡书香的历史经典读本为孩子开蒙启智，带领孩子知史看今、远眺未来。

在此，我们衷心感谢陕西师范大学历史文化学院教授、博士生导师，央视“百家讲坛”主讲人王双怀教授为本书精心作序，特别感谢天地辛房为本书提供了唐砚、绞胎粉盒等他的旧藏照片和专业性的建议。在南长森、蔡凌燕、张洁、赵云雁、于建群、李乾鑫、高娟、姚勇、雷文欣、谭亮、高鹏程、吴伟刚、胡铁成、梁思雨、王竹宝、辛国炜、亮亮、杨晓博等人的支持帮助下，完成了这四册书的创作，在此也表示衷心的感谢！

这套书涵盖博物馆多、时间跨度大、涉及文物面广，在创作过程中难免有所疏漏，敬请各位专家和广大读者不吝指正。

张君升　蒙刚

2022年11月于古城西安